かぎ針と棒針で編む

メルちゃんのお洋服&こもの

著 寺西 恵里子
Eriko Teranishi

日東書院

かぎ針と棒針で編む

メルちゃんのお洋服&こもの

CONTENTS

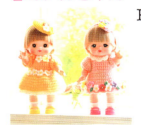

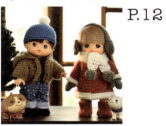

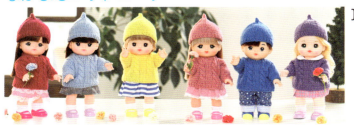

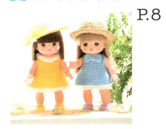

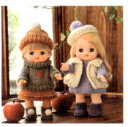

かわいいメルちゃんに
ニットを編んであげましょう。

小さな子たちにとってお人形は
おともだち…

遊びながら、
たくさんのことを学んでいきます。

「してもらったことをしてあげる…」
生活力が身につくだけでなく
優しさが芽生えたり…
心も成長していきます。

1つの服で遊ぶより
いくつかの服やこものがあることで…
また、違ってきます。

お母さんやおばあちゃんが編んであげれば…
手作りの優しさ、温かさにふれ
違う世界も感じ取ってくれることと思います。

小さなメルちゃんの小さな服に
大きな願いを込めて……

寺西恵里子

メルちゃんのプロフィール

「いつも近くにいるおともだちとして…」
1992年に生まれました。
ミルクをあげたり、お散歩したり、寝かしつけたり…
いろいろな「お世話」ができるお人形です。
お風呂に入れると髪の色がかわったり、お食事すると
本当に食べたように見えたり、工夫がいっぱい。
たくさんの人に愛されているお人形です。

メルちゃんとなかよしのみんな

妹のネネちゃんと４人のおともだち
みんなで遊ぶとより楽しいですね。

ポコちゃん

ミルクちゃん

おしゃれな
れなちゃん

ゆかいな
ゆかちゃん

妹の
ネネちゃん

かわいい
メルちゃん

すなおな
あおくん

外国のおともだち
リリィちゃん

Spring
春のメルちゃん

小さなお花がキュートな春のドレス…
ヘッドドレスでよりかわいく…

How to make ★ P.34・P.36

Mell

ピンクのドレスはカラフルなお花。
白い衿で春らしく…

Nene

黄色に白の花がかわいいドレスです。
ヘッドドレスは小さな帽子風…

Summer

夏のメルちゃん

ノースリーブのサマードレスに
かわいい帽子がポイントの夏！

Mell

ブルーのサンドレスに
白いブルマがかわいい…

Yuka

白いフリルの黄色いドレスに
白に黄色の縁がついたカンカン帽で…

How to make ★ P.33・P.38

Autumn

秋のメルちゃん

セーターにベスト…
秋らしいコーディネート
ニット帽は大きなポンポンで。

Mell
ハートの編み込みセーター
帽子はスカートと同じ糸で…

Lily
パープルのワンピースに
白いベストでおしゃれに！

How to make ★ P.40・P.41・P.42・P.43

Winter

冬のメルちゃん

外に飛び出したくなる暖かなスタイル
ポコちゃん、ミルクちゃんも連れて…

Ao & Mell

グレーがアクセントのメルちゃん
フード付きセーターに帽子のあおくん
ニットでお出かけ…

Poco & Milk

ニットのお洋服とリボンで…

How to make ★ P.44・P.46・P.48・P.49

Knit Coordinates

なかよしニットコーデ

とんがり帽子に編み込みセーター
おそろいがかわいい…メルちゃんとおともだち

いつもの服にコーディネート。
好きな色を着せてあげても…

How to make ★ P.49・P.50

Animal

動物さんになって…

Mell

白と黒がかわいい
パンダさん！
フリンジがかわいい
コーディネートです。

メルちゃんたちも楽しそうな動物さん
よりキュートな雰囲気に…

Nene & Rena

フードをかぶって、くまさんにうさぎさん！
ちょっと見える足がかわいい…

How to make ★ P.51・P.52・P.55

Fruits
なかよしフルーツウエア

かわいいフルーツの帽子とお洋服
ブーツまでフルーツで…

Mell

かわいいいちごのお洋服
ドレスのいちごのお花がポイント！

Ao & Yuka

パイナップルとオレンジ
どちらも葉っぱがかわいい…

How to make ★ P.48・P.54・P.56

Fairy tale

童話の世界から…

Alice in Wonderland

ブルーのワンピースに白いエプロン
黒のリボンが似合います。

How to make ★ P.58

メルちゃんがいろいろな主人公に…
特徴のあるドレスがかわいい

Little Red Riding Hood

フードつきケープがかわいい赤ずきん
黒いベストもポイントです。

How to make ★ P.60

Princess

お姫さまになって…

Mell

白いフワフワのドレスに
ゴールドの刺しゅう
ケープがかわいい
メルちゃんお姫さま…

How to make ★ P.62・P.70

女の子なら誰もが思う…
ドレスが着てみたい…
メルちゃんたちにもかわいいドレスを…

Lily
ピンクのフリルにパールがついたドレス
リリィちゃんお姫さまは小さなティアラで…

How to make ★ P.64

Baby Clothes

キュートなベビー服

ロンパースがかわいいベビー服
おそろいで着ればよりかわいい…

Mell

ピンクのロンパースは模様編み
ふんわりしたパンツがかわいい…

Nene

おそろいの靴下にヘアバンド…
ボンボンがかわいいブルーのロンパース

How to make ★ P.66

+Knit Item

いつものメルちゃん
+ニットコーデ

Mell

赤いベレー帽とよく似合う
紺色のケープ
バッグを持てば、旅行ウエアに…

Mell

冬の幼稚園はニットのジャケット
マフラーと手袋も忘れずに…

How to make ★ P.69・P.70・P.72

小さなニットアイテムをたしただけで
また、雰囲気がかわります…

Mell すてきな着物にも
フワフワショールとバッグで…

How to make ★ P.72

+ *Knit Item*
いつものメルちゃん＋ニットコーデ

Nene & Mell

くまさんうさぎさんの服から
飛び出してきたあみぐるみ…
抱っこさせて…

Nene

お外に出るときには
ニットのベストを
着せてあげましょう！

メルちゃんたちとなかよしの
くまさん、うさぎさん

How to make ★ P.73・P.74

Pair Cap

おそろい帽子

Mell

大きなボンボンの帽子です。
メルちゃんと一緒にお出かけしましょう！

メルちゃんたちとおそろいの帽子を
お子さんに編んであげましょう！

Rena

人気のとんがり帽子です。
色違いでも同じ色でも…

Ao

あおくんとおそろいの
かわいいポンポンのニット帽…

How to make ★ P.74・P.75

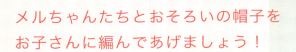

さあ、編んでみましょう！

はじめてでも大丈夫…

メルちゃんとお子さんと
できあがるのを楽しみながら…
ゆっくり、ていねいに編みましょう。

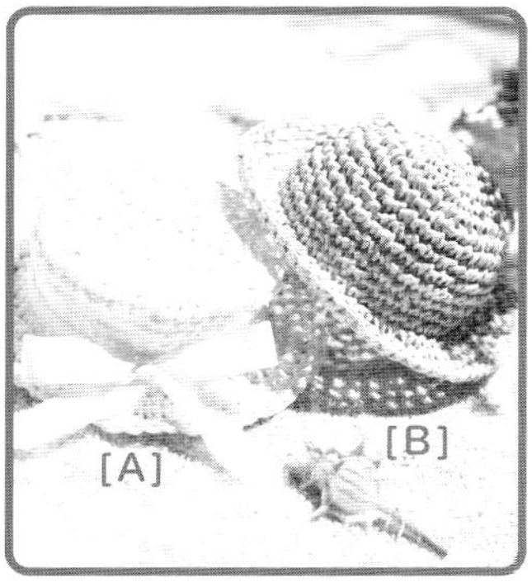

P.8 夏のメルちゃん

帽子

材　料

糸：ハマナカ エコアンダリヤ
[A]
白(1) 20g、黄(11) 5g
リボン(1.5㎝幅)：黄 62㎝
[B]
ベージュ(23) 20g

針

かぎ針6/0号

ゲージ

細編み5㎝角 7目9段

帽子Aの目の増減の仕方

17	+6	→ 66
16	+6	→ 60
15	+6	→ 54
14	+6	→ 48
8～13	±0	→ 42
7	+6	→ 42
6	+6	→ 36
5	+6	→ 30
4	+6	→ 24
3	+6	→ 18
2	+6目	→ 12目
1段め	わの中に細編み6目	

帽子Bの目の増減の仕方

18	+6	→ 66
17	+6	→ 60
16	+6	→ 54
15	+6	→ 48
9～14	±0	→ 42
8	+6	→ 42
7	±0	→ 36
6	+6	→ 36
5	+6	→ 30
4	+6	→ 24
3	+6	→ 18
2	+6目	→ 12目
1段め	わの中に細編み6目	

作り方

[帽子A]

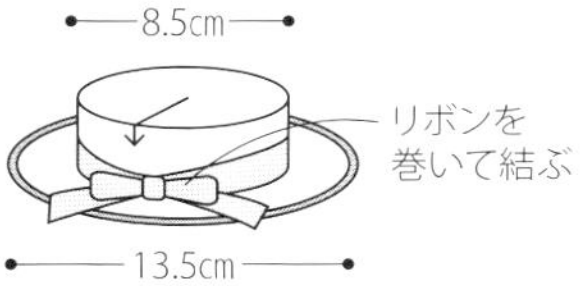

[帽子B]

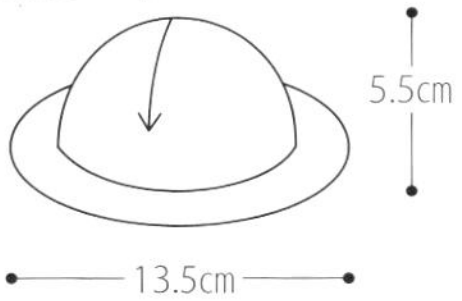

編み図

[帽子A]

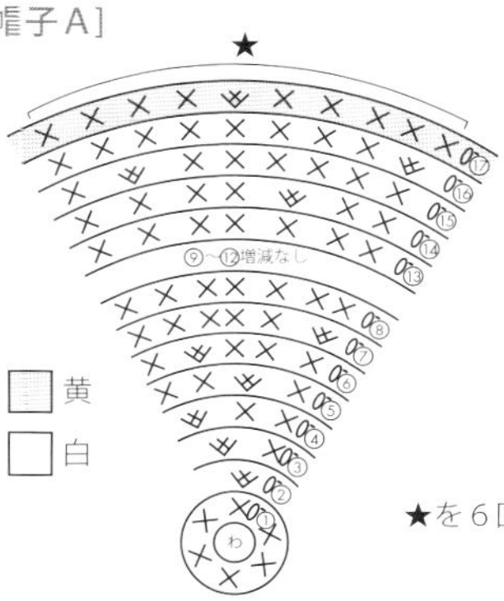

★を6回くり返す

[帽子B]

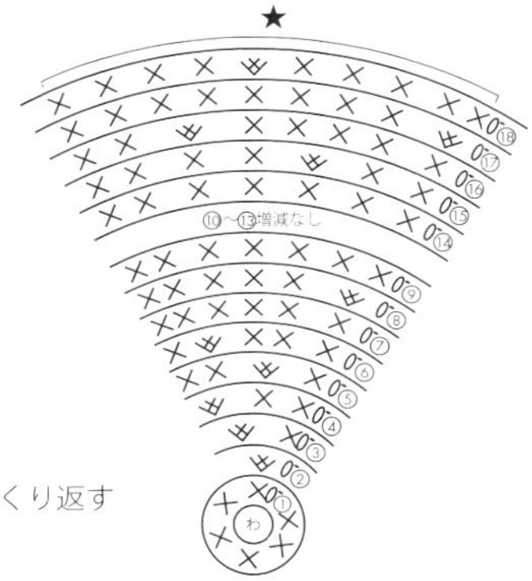

P.8 夏のメルちゃん

ブルマ

材　料

糸：ハマナカ ピッコロ
白(1) 15g
丸ゴム(直径1.5㎜)：白 46㎝

針

かぎ針4/0号

ゲージ

細編み5㎝角
11目12段

作り方

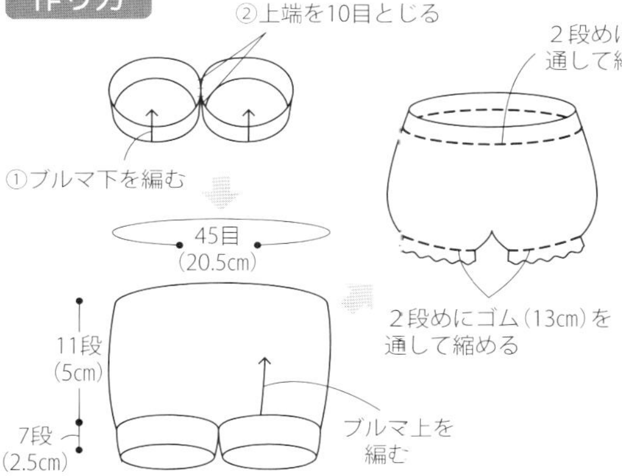

ブルマの目の増減の仕方

18	±0	→ 45	ブルマ上
17	−5	→ 45	
9～16	±0	→ 50	
8	−20	→ 50	
2～7	±0	→ 35	ブルマ下
1段め	±0目	→ 35目	
作り目	くさり編み35目		

編み図

[ブルマ上]

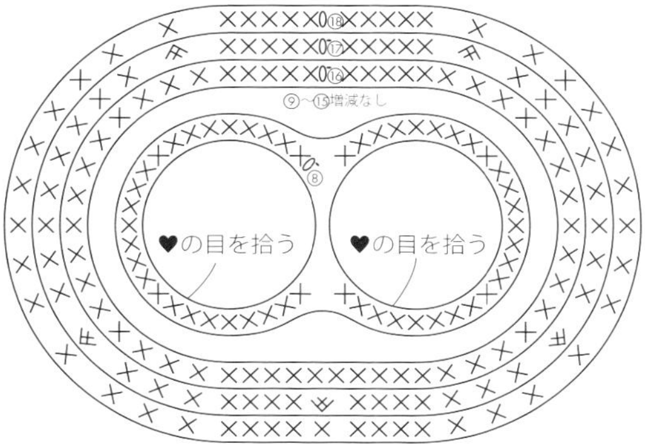

[ブルマ下] 2枚

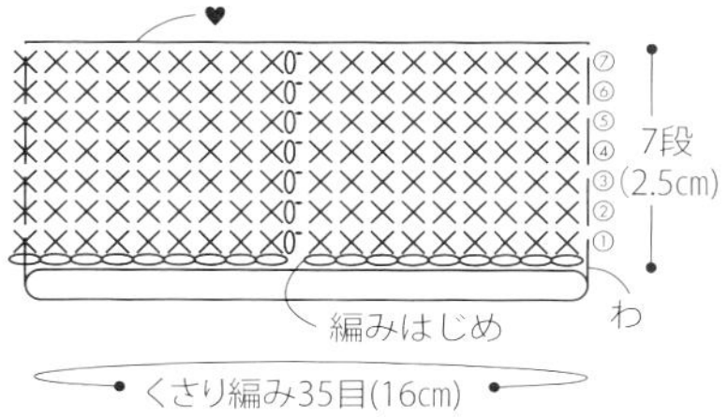

P.6 春のメルちゃん

ピンクのドレス・ヘッドドレス

材 料

［ドレス］
糸：ハマナカ わんぱくデニス
薄いピンク(5)25g、白(1) 5g
ハマナカ ピッコロ
白(1)・ピンク(4)・濃いピンク(5)・黄(8)・紫(49)・緑(48) 各適量
マジックテープ：適量

［ヘッドドレス］
糸：ハマナカ わんぱくデニス
薄いピンク(5) 5g、白(1) 5g
ハマナカ ピッコロ
白(1)・ピンク(4)・濃いピンク(5)・黄(8)・紫(49)・緑(48) 各適量

針

かぎ針5/0号・4/0号

ゲージ

細編み5㎝角
10目11段

作り方

［ドレス］

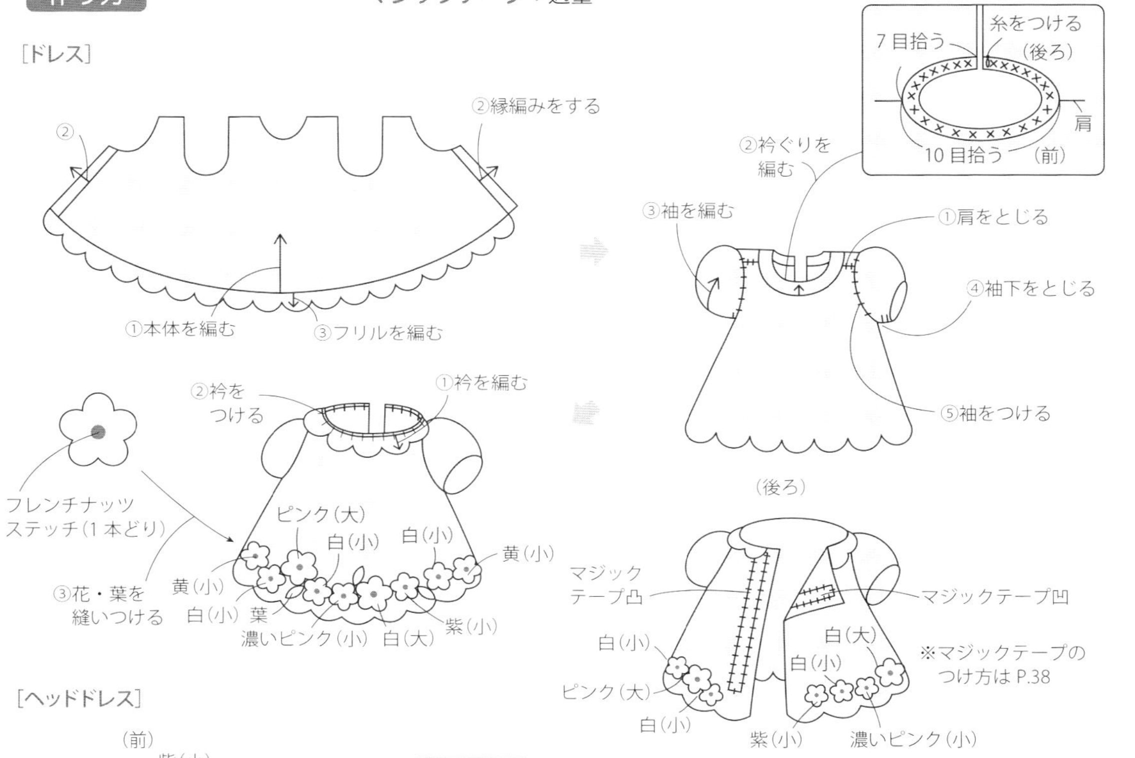

［ヘッドドレス］

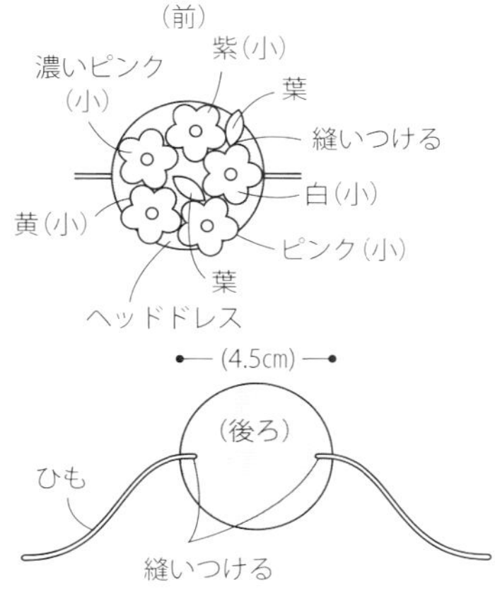

編み図

［ヘッドドレス］薄いピンク 5/0号

［ヘッドドレス・ひも］
2本 薄いピンク 5/0号

［花(大)］4/0号

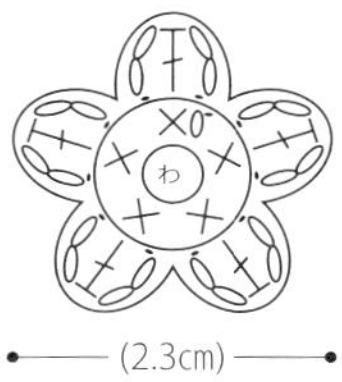

［花(小)］4/0号

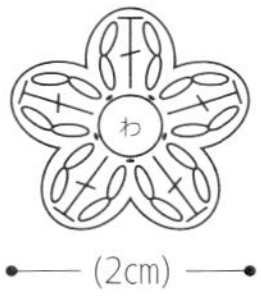

［葉］緑 4/0号
(ドレス)3枚(ヘッドドレス)2枚

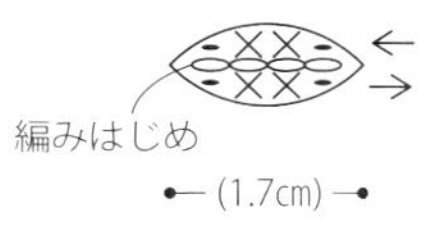

花の色の組み合わせ

花	中心	ドレス	ヘッドドレス
白	黄	大2枚	小1枚
		小6枚	
ピンク	黄	大2枚	小1枚
濃いピンク	白	小2枚	小1枚
紫	白	小2枚	小1枚
黄	白	小2枚	小1枚

編み図

[ドレス・袖] 2枚 薄いピンク 5/0号

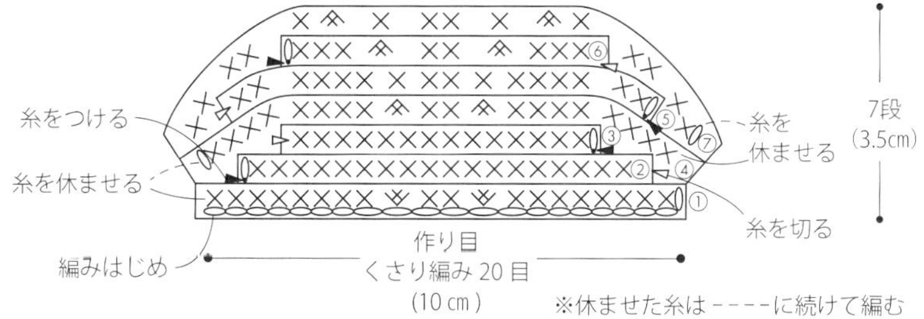

※休ませた糸は - - - -に続けて編む

[ドレス・衿] 白 5/0号

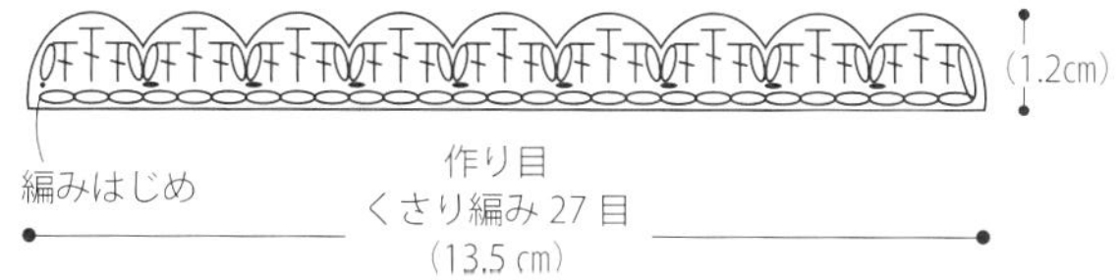

[ドレス・本体] 薄いピンク 5/0号

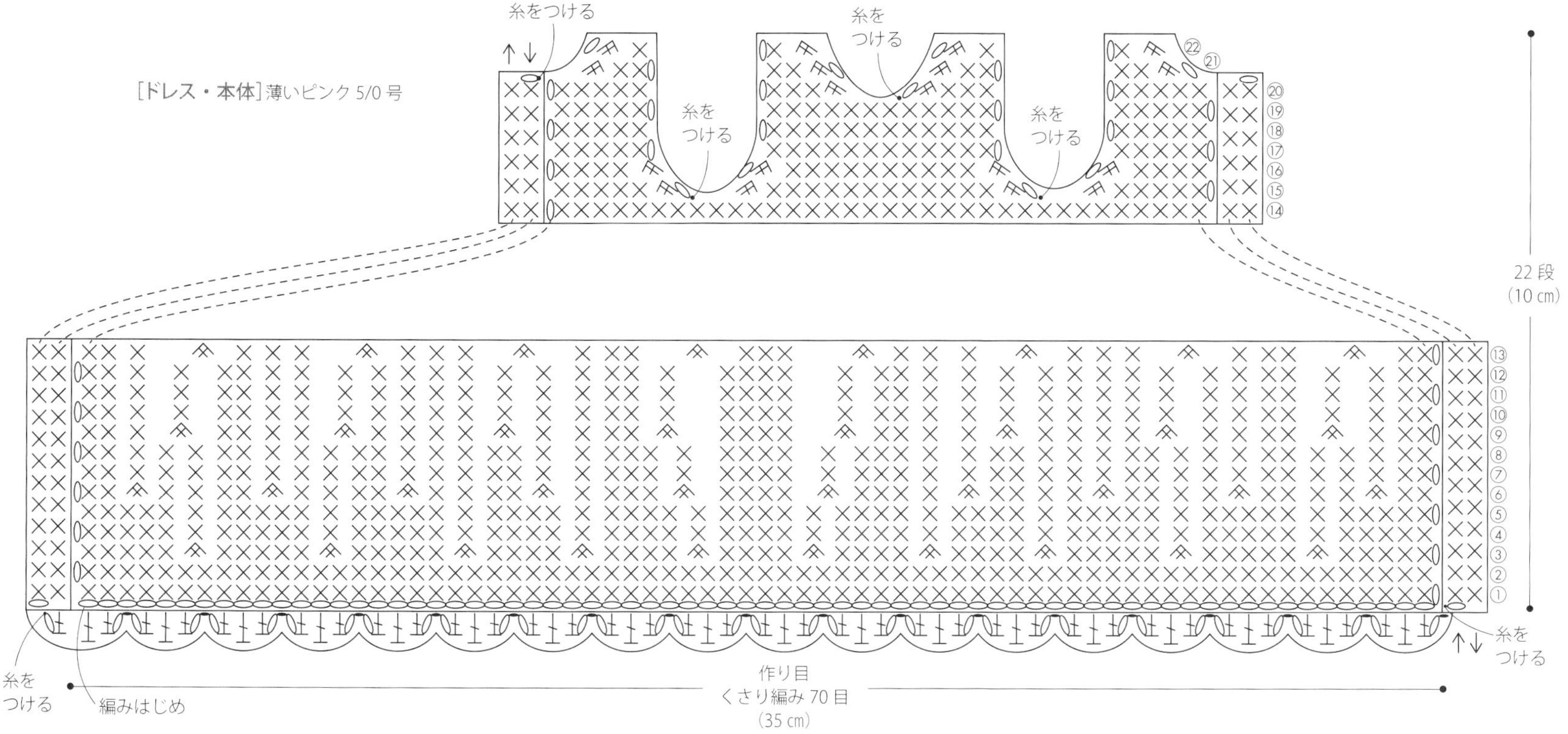

P.6 春のメルちゃん

黄色のドレス・ヘッドドレス

材　料

［ドレス］
糸：ハマナカ わんぱくデニス
黄(3) 30g、白(1) 15g
ハマナカ ピッコロ
白(1)・クリーム(41)・
オレンジ(7)・黄(8) 各適量
マジックテープ：適量

［ヘッドドレス］
糸：ハマナカ　ピッコロ
黄(8) 5g
白(1)・クリーム(41)・
オレンジ(7) 適量

針

かぎ針4/0号
5/0号

ゲージ

細編み５㎝角
10目11段

作り方

［ドレス］

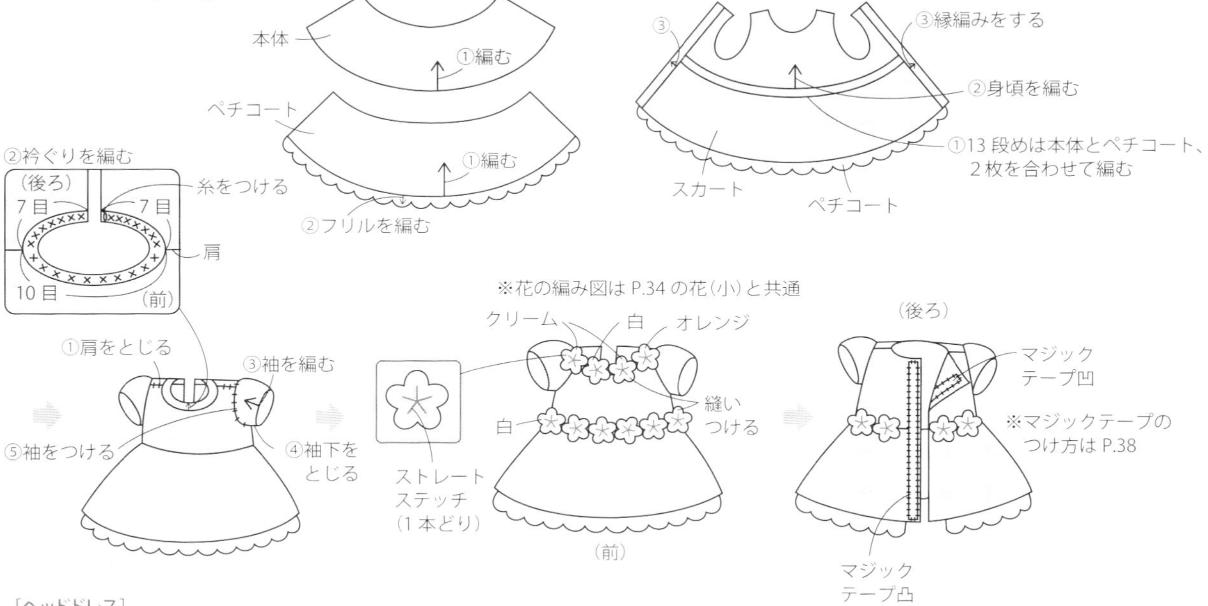

［ヘッドドレス］

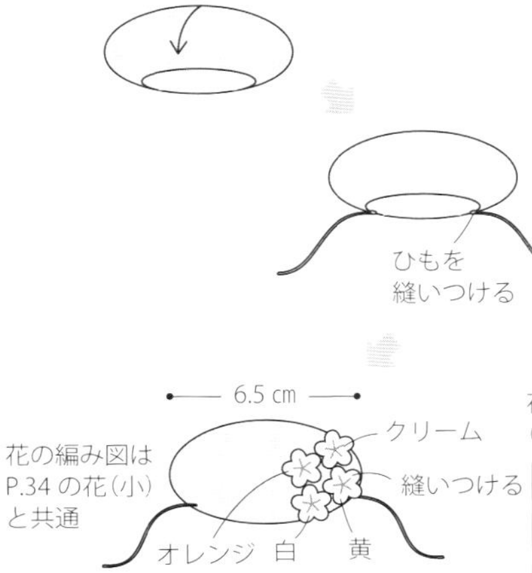

花の色の組み合わせ
（ドレス・ヘッドドレス共通）

花	中心
白	黄
クリーム	黄
黄	白
オレンジ	白

編み図

［ヘッドドレス・本体］黄 4/0 号

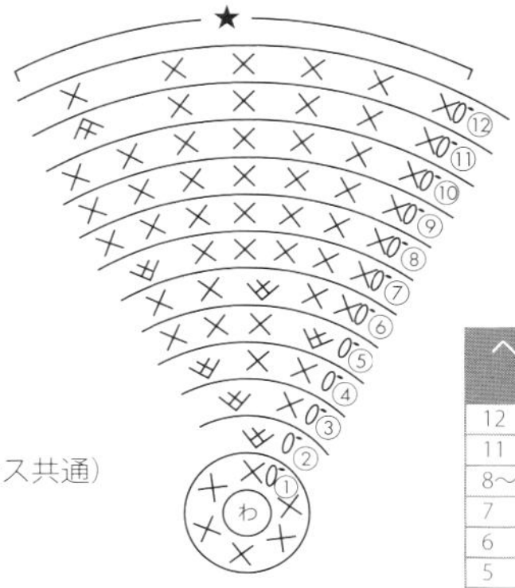

★を計 6 回くり返す

［ヘッドドレス・ひも］
2 本黄 4/0 号

ヘッドドレスの目の増減の仕方		
12	±0	→ 36
11	−6	→ 36
8〜10	±0	→ 42
7	+6	→ 42
6	+6	→ 36
5	+6	→ 30
4	+6	→ 24
3	+6	→ 18
2	+6目	→ 12目
1段め	わの中に細編み6目	

編み図

[ドレス・袖] 2枚 黄 5/0号

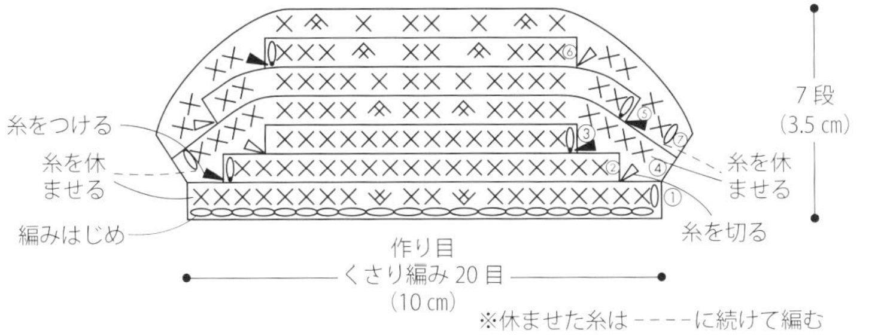

[ドレス・本体] 黄 5/0号
[ペチコート] 白 5/0号

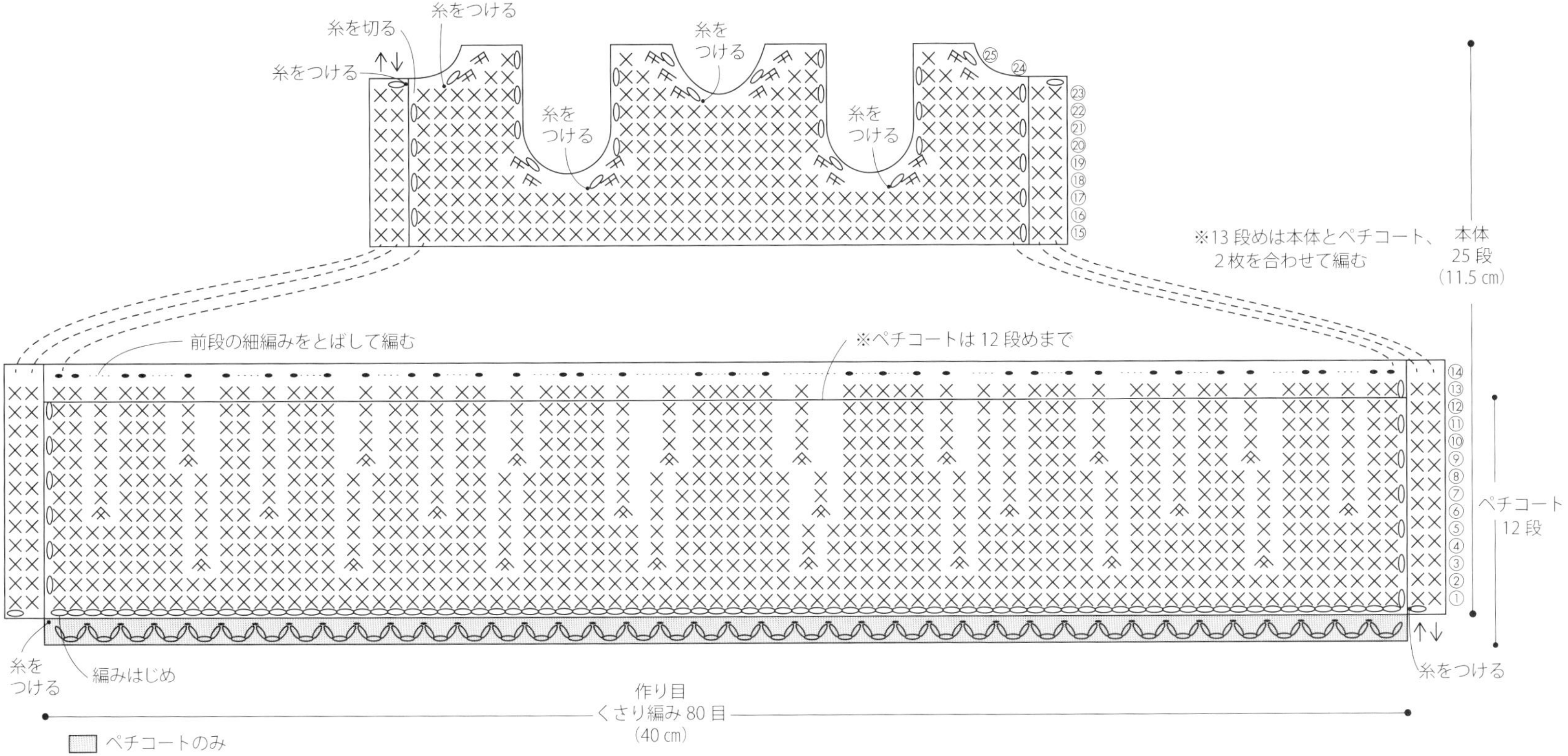

ペチコートのみ

P.8 夏のメルちゃん

サンドレス

材料
糸：ハマナカ ピッコロ
[ブルーのドレス]
ブルー(12) 15g
マジックテープ：適量
[黄色のドレス]
黄(8) 15g、白(1) 5g
マジックテープ：適量

針
かぎ針4/0号

ゲージ
細編み5㎝角
11目13段

作り方

[ブルーのドレス]

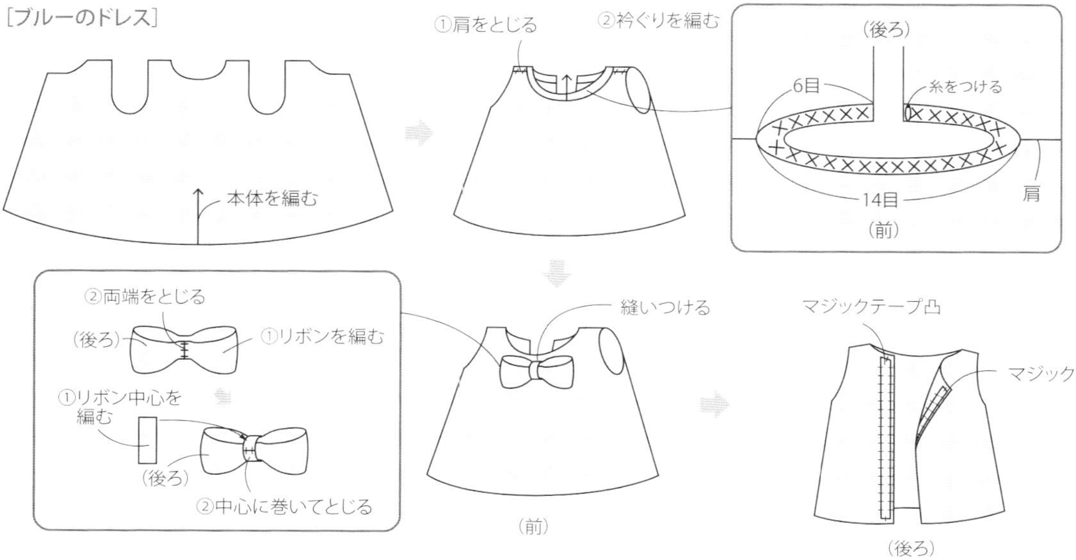

[黄色のドレス]

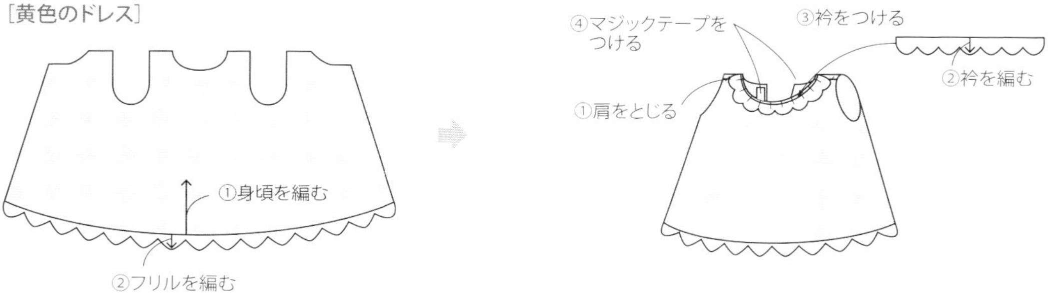

マジックテープのつけ方

＊凸:チクチクして
硬い面(フック)
＊凹:フワフワして
柔らかい面(ループ)

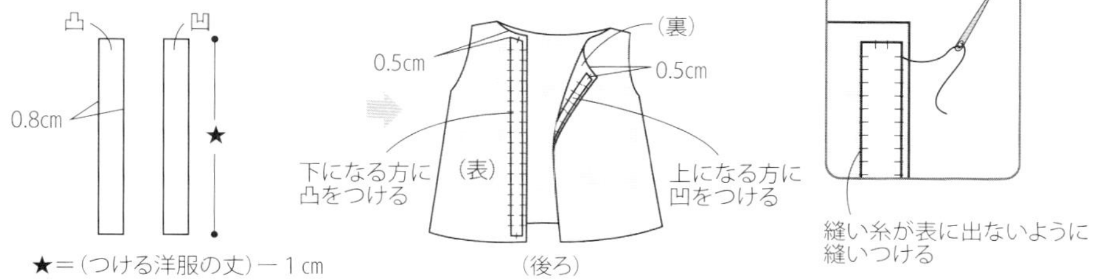

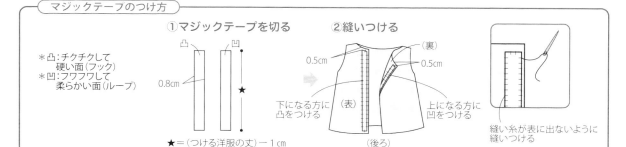

編み図

[ブルーのドレス・リボン]ブルー

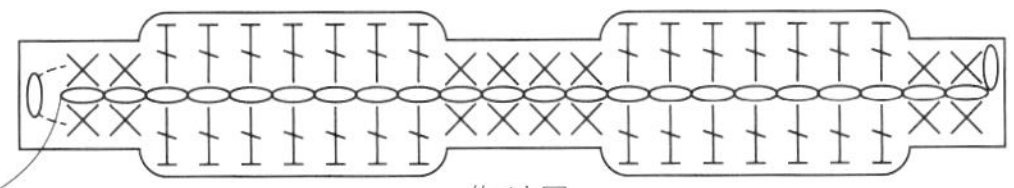

[ブルーのドレス・リボン中心]ブルー

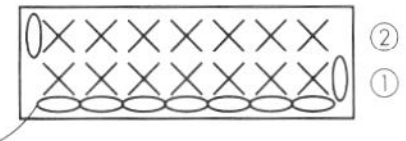

[黄色のドレス・衿]白

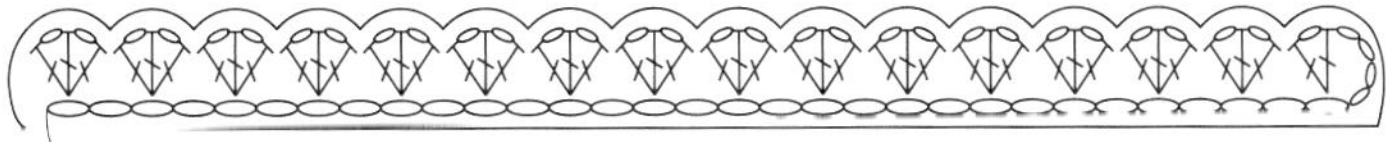

[ドレス・本体(共通)]
ブルーのドレス:ブルー
黄色のドレス:黄

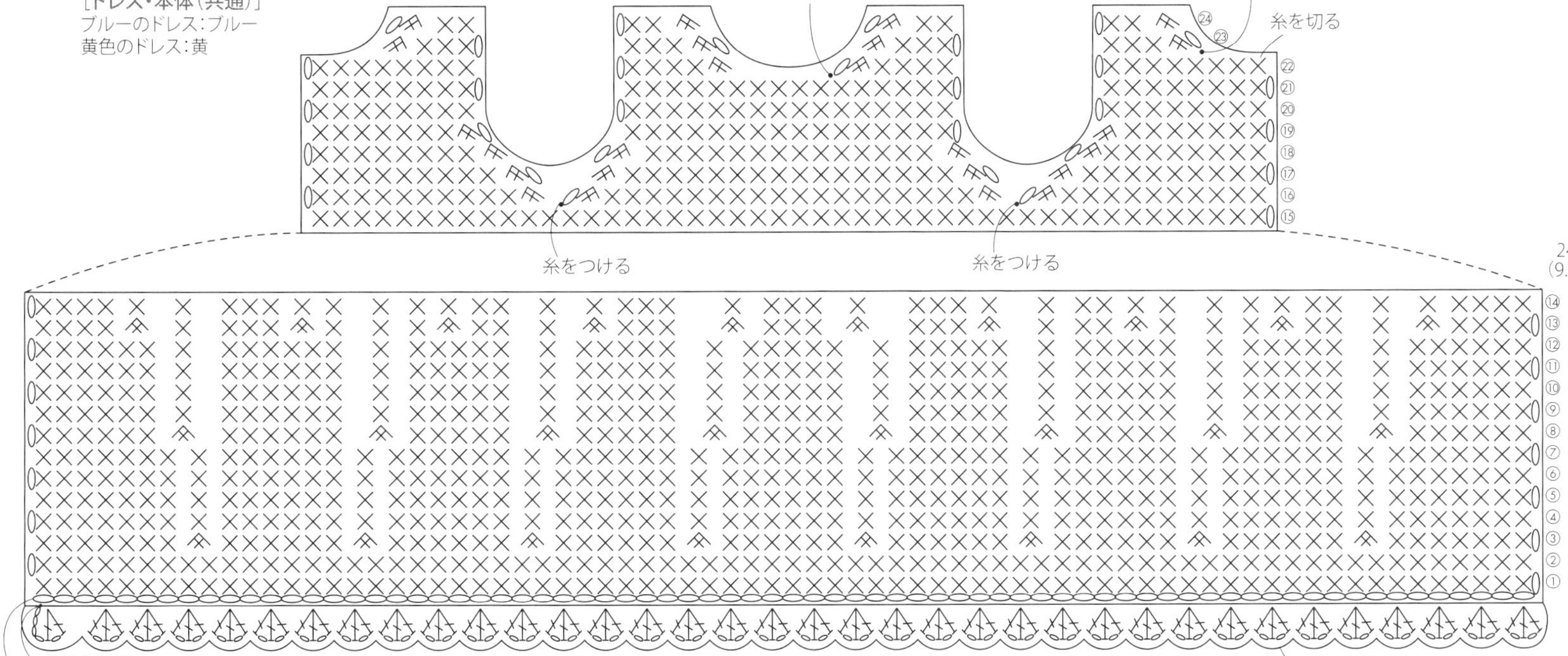

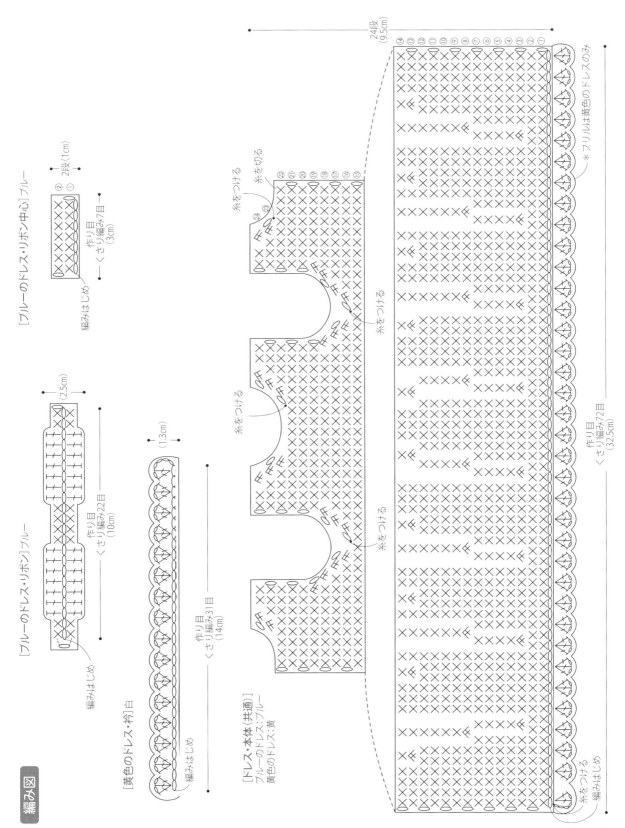

P.10 秋のメルちゃん

メルちゃんのセーター・帽子

材　料

糸：ハマナカ アメリー
[セーター]
グレー(22) 20g、
濃いピンク(32) 少々
マジックテープ：適量
[帽子]
薄茶(4) 10g
白(51) 5g

針

棒針(4本針) 6号
かぎ針6/0号

ゲージ

メリヤス編み 5cm角
10.5目14段

作り方

[前身頃] グレー

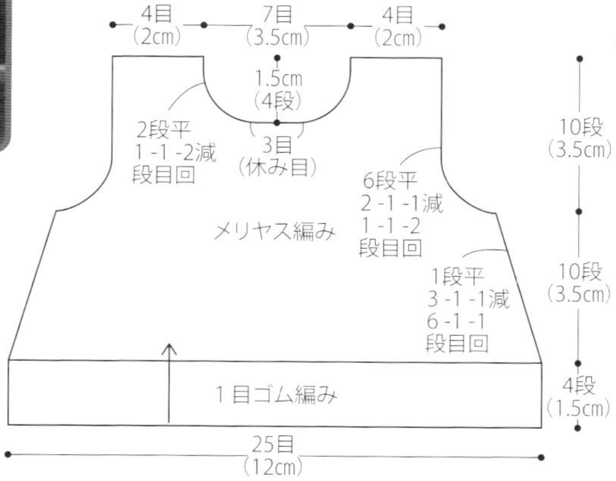

[衿] グレー

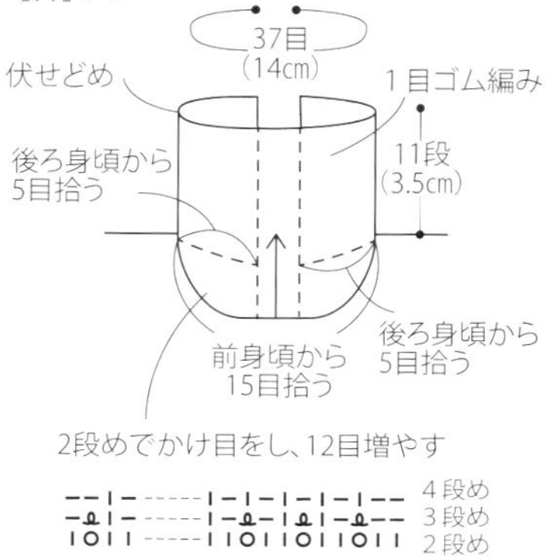

[後ろ身頃] グレー 2枚※左右対称に編む

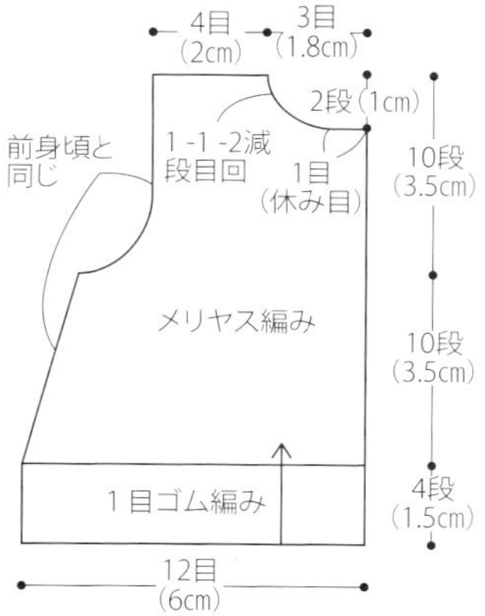

[袖] 2枚 グレー

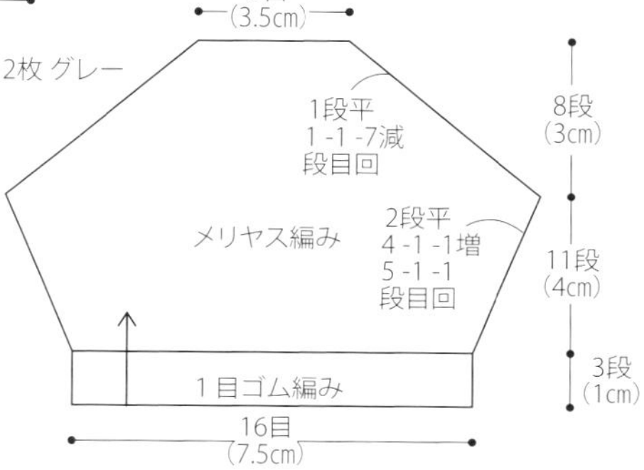

[帽子] 薄茶

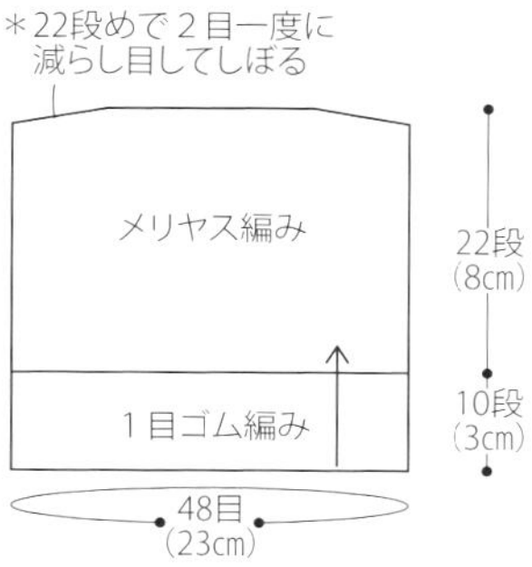

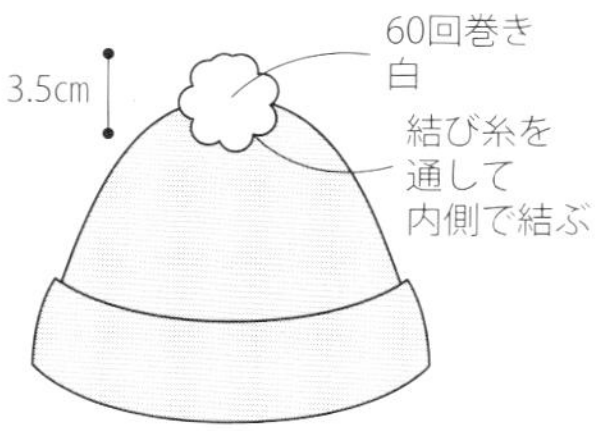

＊ボンボンの作り方はP.74

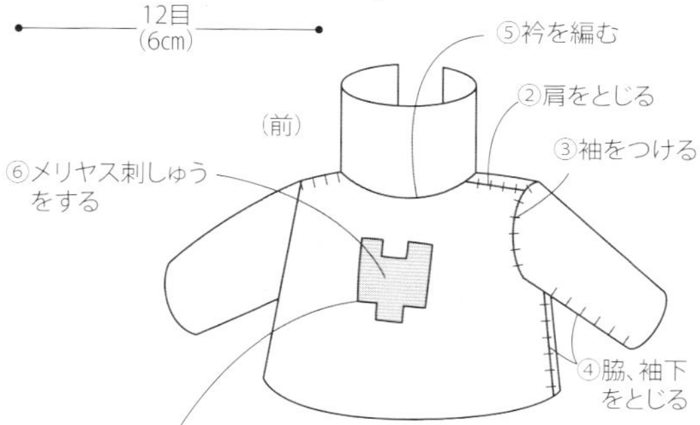

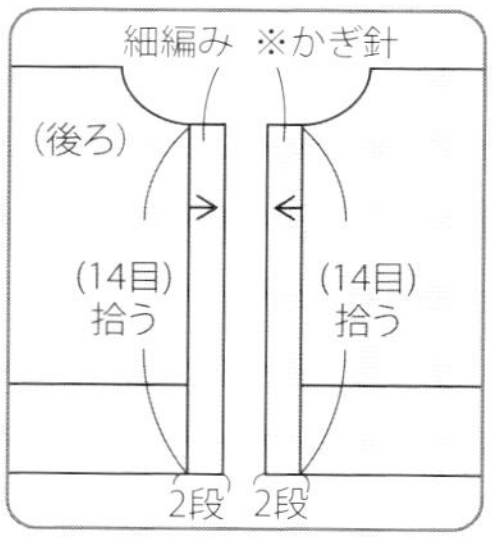

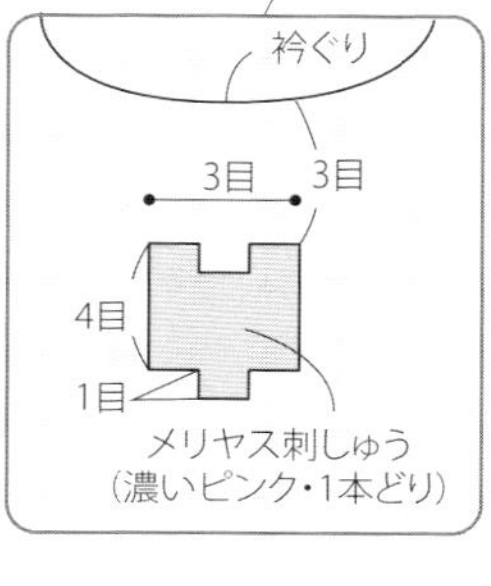

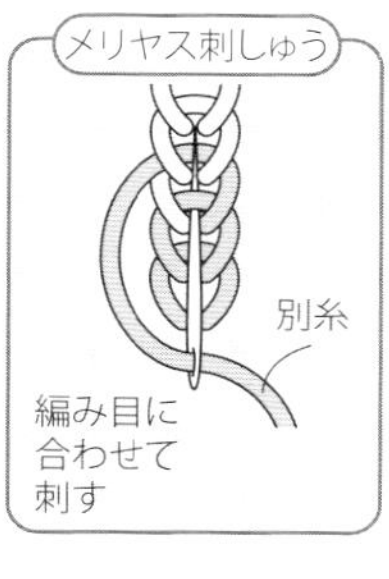

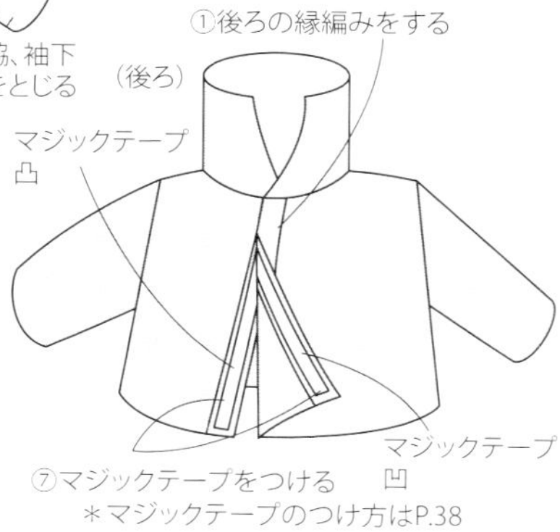

＊マジックテープのつけ方はP.38

P.10 秋のメルちゃん

メルちゃんのスカート・ブーツ

材料

糸：ハマナカ アメリー
[スカート]
薄茶(4) 15g
マジックテープ：適量
[ブーツ]
グレー(22) 10g
白(51) 少々

針

かぎ針6/0号

ゲージ

細編み 5cm角
10目12段

作り方

[スカート]

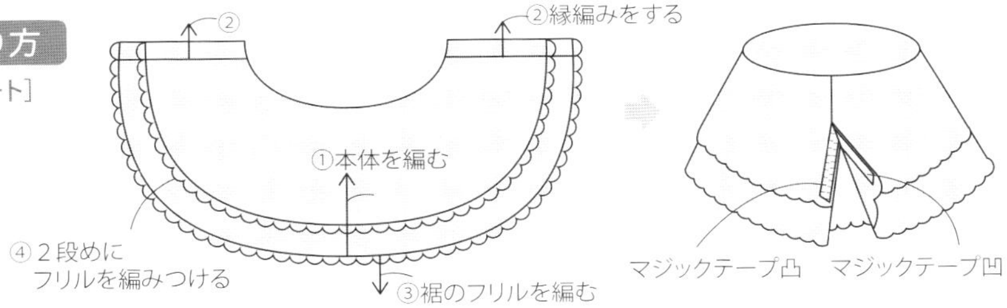

＊マジックテープのつけ方はP.38

[ブーツ]

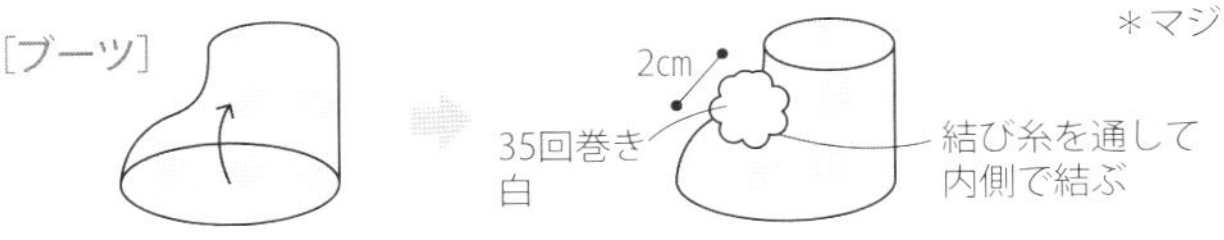

＊ブーツの編み図はP.42と共通

＊ボンボンの作り方はP.74

編み図

[スカート] 薄茶

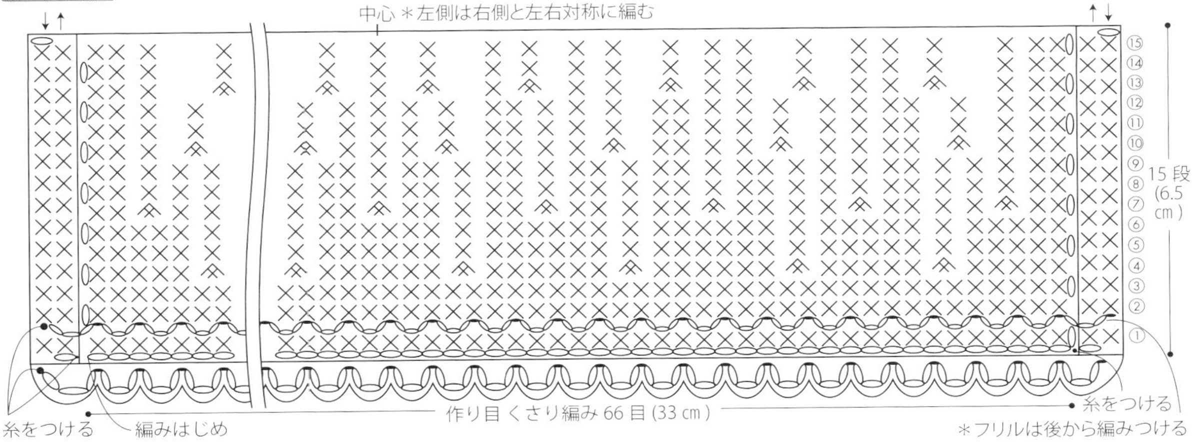

P.10 秋のメルちゃん

リリィちゃんの帽子

材料

糸：ハマナカ
ソノモノアルパカウール《並太》
生成り(61) 10g
ハマナカ わんぱくデニス
薄紫(49) 5g

針

かぎ針6/0号

ゲージ

細編み 5cm角 7目8段

作り方

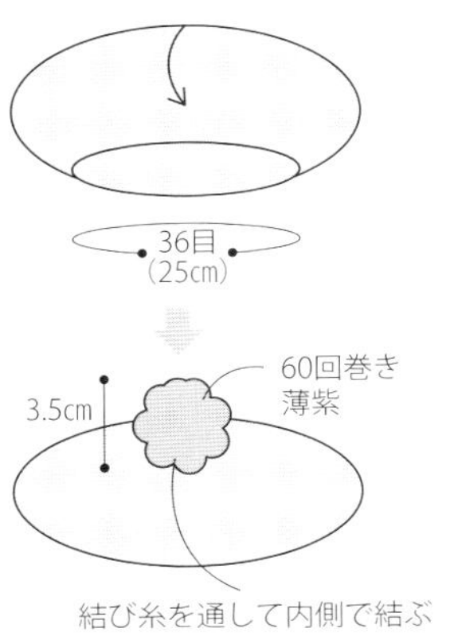

＊ボンボンの作り方はP.74

編み図

[帽子] 生成り

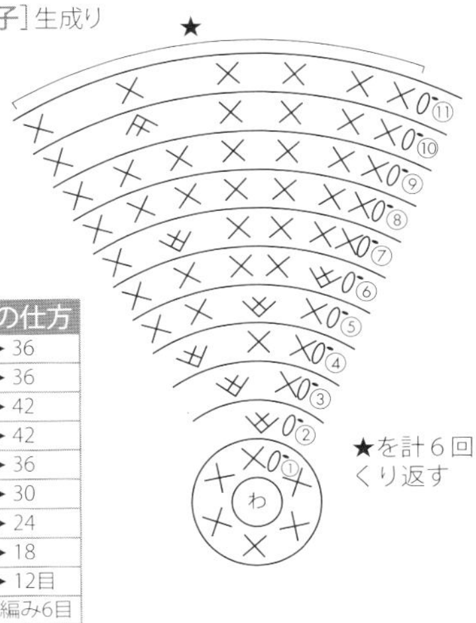

帽子の目の増減の仕方		
11	±0	→ 36
10	−6	→ 36
8･9	±0	→ 42
7	+6	→ 42
6	+6	→ 36
5	+6	→ 30
4	+6	→ 24
3	+6	→ 18
2	+6目	→ 12目
1段め	わの中に細編み6目	

P.10 秋のメルちゃん

リリィちゃんのベスト・ブーツ

材　料

[ベスト]
糸：ハマナカ
　ソノモノアルパカウール《並太》
生成り(61) 20g
[ブーツ]
糸：ハマナカ わんぱくデニス
紫(59) 10g

針

棒針6号
かぎ針5/0号

ゲージ

[ベスト]メリヤス編み 5cm角
　8.5目10段
[ブーツ]細編み 5cm角
　10目11段

作り方

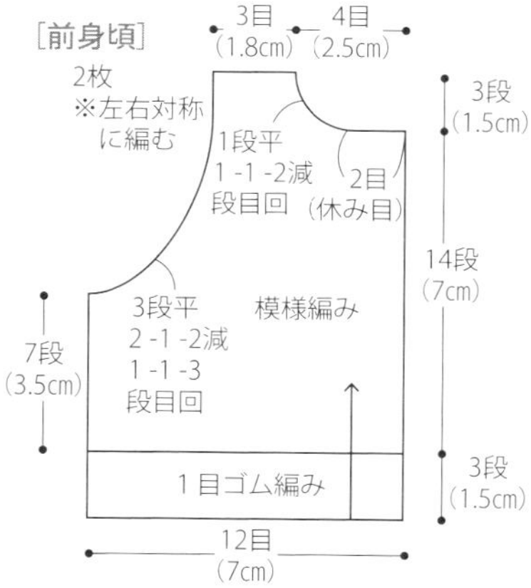

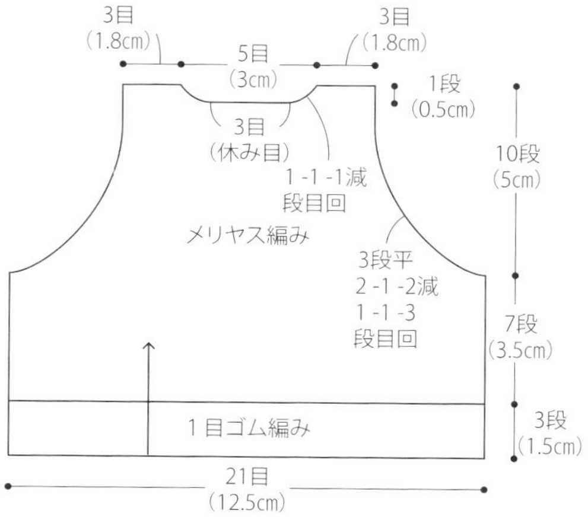

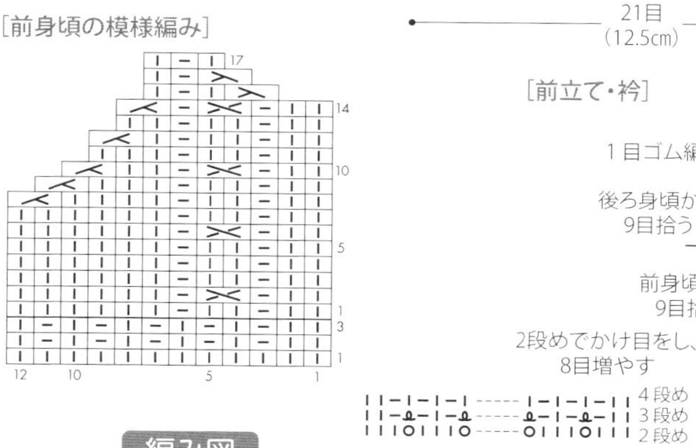

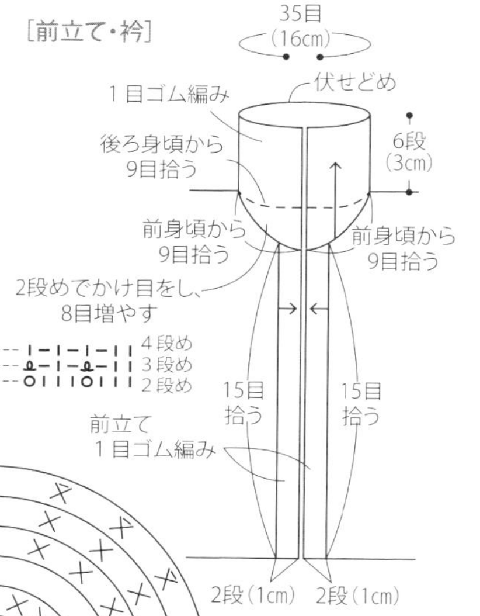

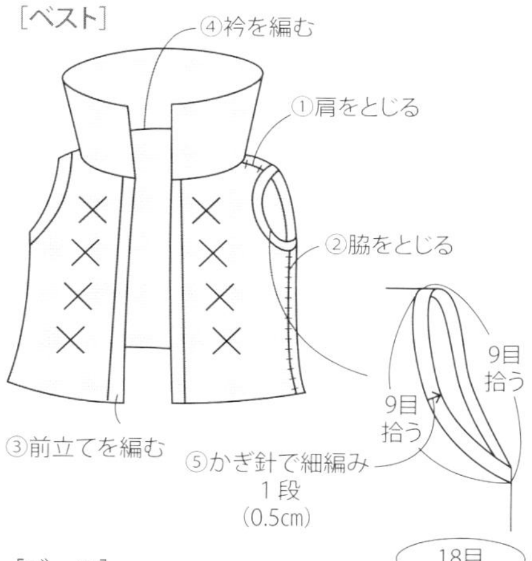

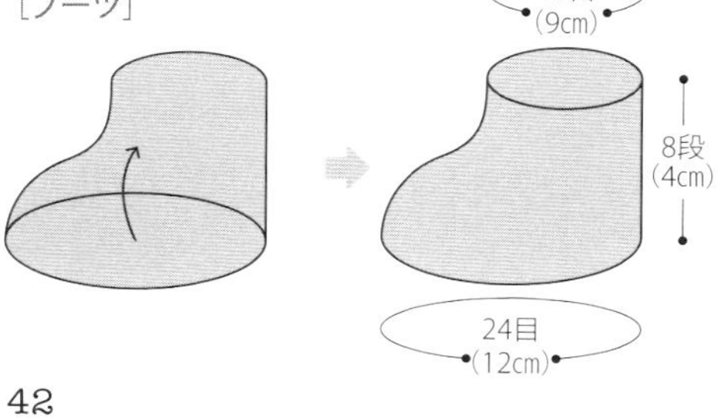

編み図

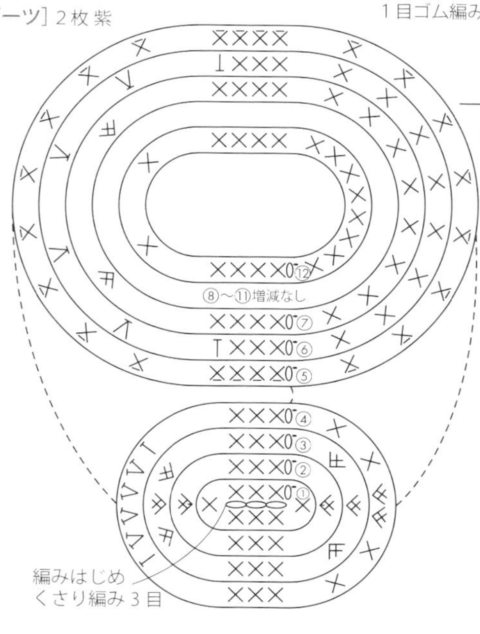

P.10 秋のメルちゃん

リリィちゃんのワンピース

材料

糸：ハマナカ わんぱくデニス
薄紫(49) 30g
マジックテープ：適量

針

かぎ針5/0号

ゲージ

細編み5cm角
10目11段

作り方

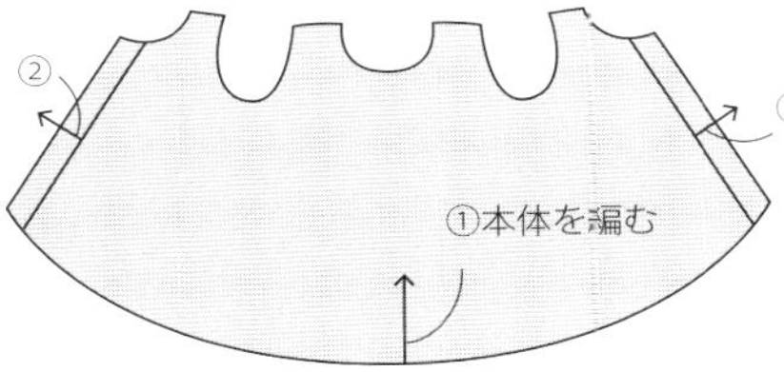

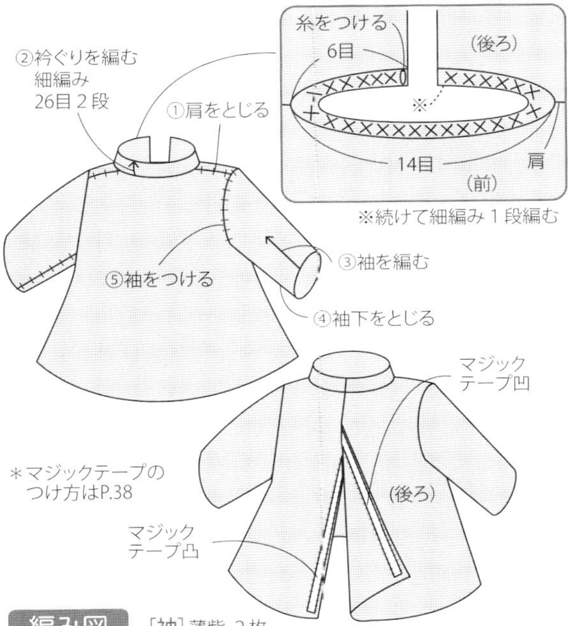

＊マジックテープのつけ方はP.38

編み図

[袖] 薄紫 ２枚

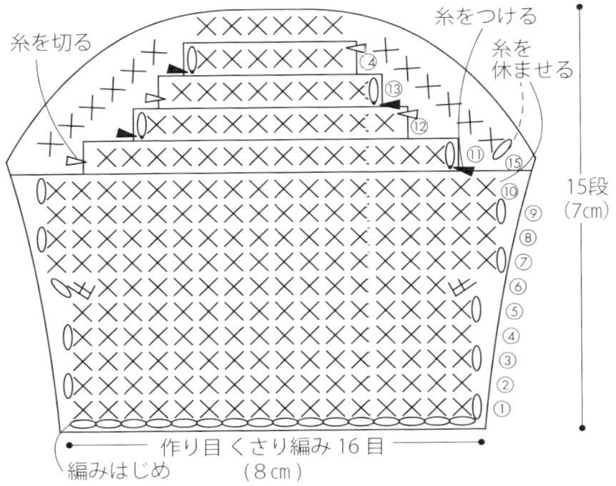

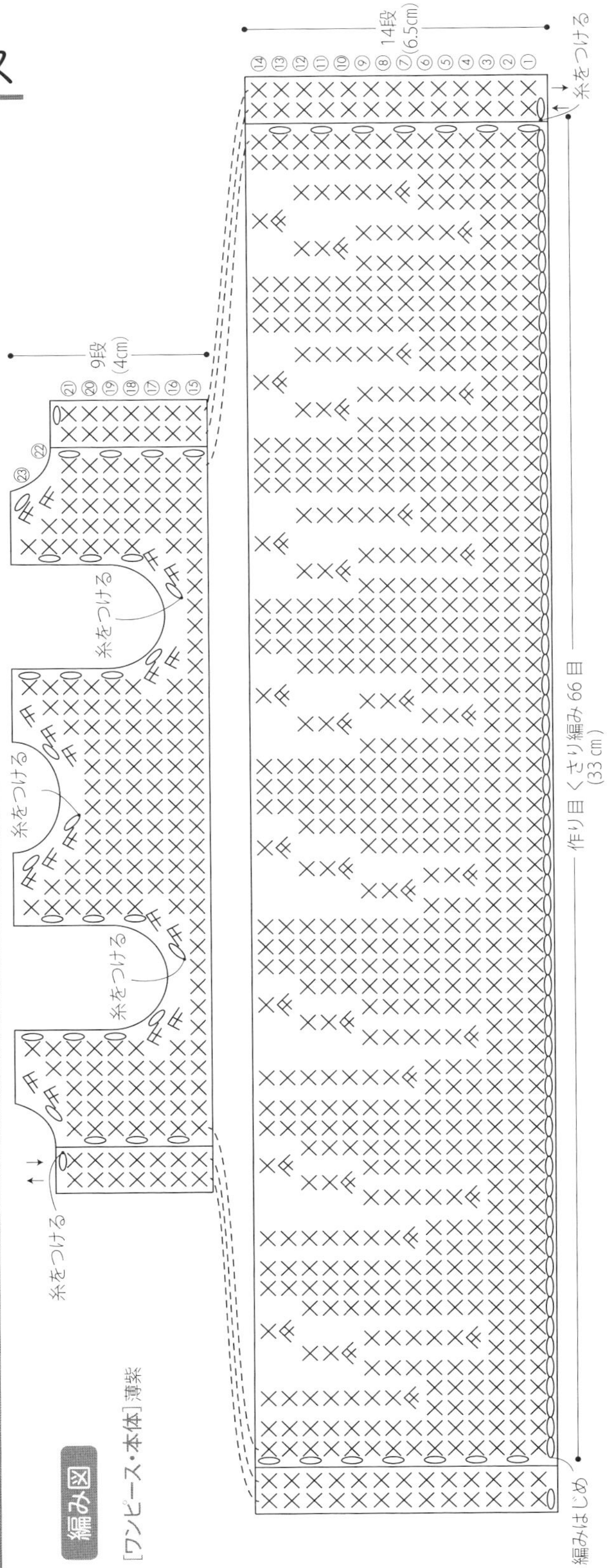

編み図 [ワンピース・本体] 薄紫

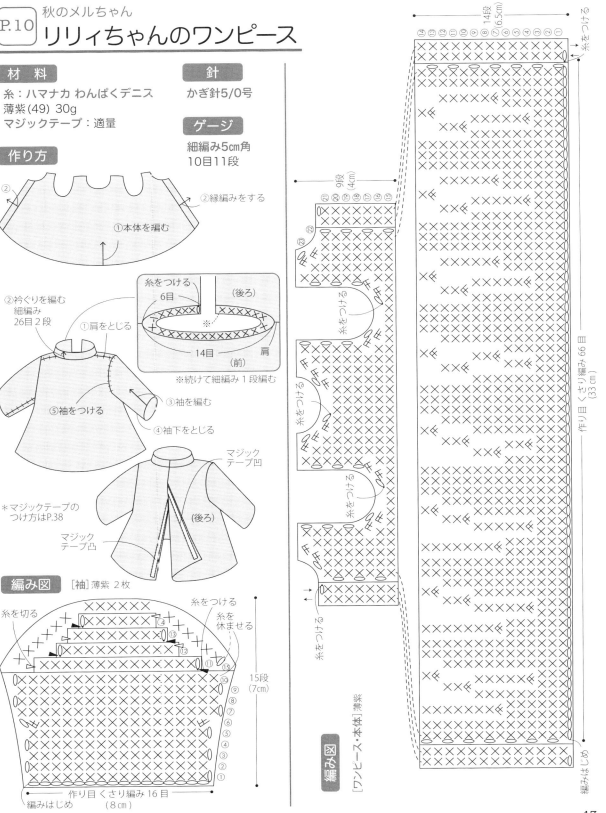

P.12 冬のメルちゃん

メルちゃんのコート・マフラー・耳あて・ミトン

材料

糸：ハマナカ アメリー
[コート]
濃いピンク(32) 25g、
白(51) 15g
マジックテープ：適量

[マフラー]
白(51) 5g、グレー(22) 5g
[耳あて]
グレー(22) 10g
[ミトン]
グレー(22) 5g

針

かぎ針6/0号

ゲージ

細編み 5㎝角
10目12段

作り方

＊[ミトン]の作り方・編み図はP.70通園セットのミトンと共通

[コート]

＊マジックテープのつけ方はP.38

＊ボンボンの作り方はP.74

[耳あて]

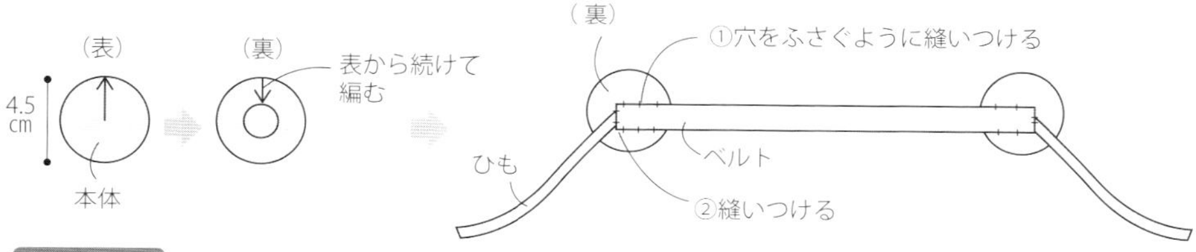

編み図

[耳あて・ひも]
2本 グレー

[耳あて・ベルト]グレー

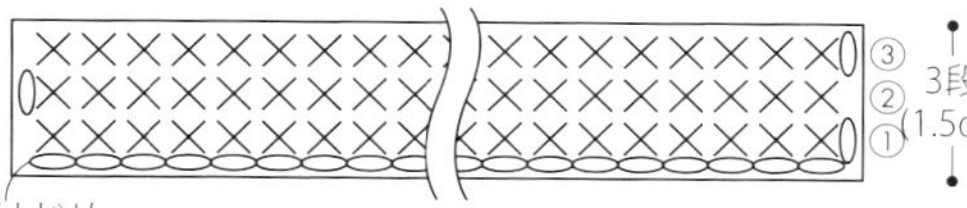

[耳あて・本体]
2枚 グレー

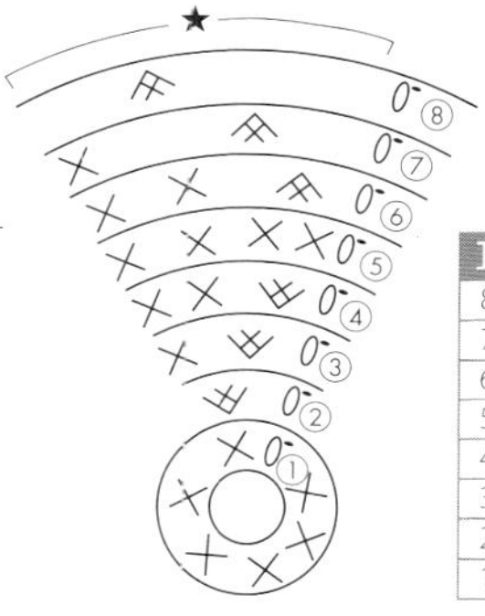

耳あて本体の目の増減		
8	−6	→ 6
7	−6	→ 12
6	−6	→ 18
5	±0	→ 24
4	+6	→ 24
3	+6	→ 18
2	+6目	→ 12目
1段め	わの中に細編み6目	

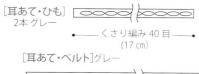

[コート・袖] 2枚 □濃いピンク □白

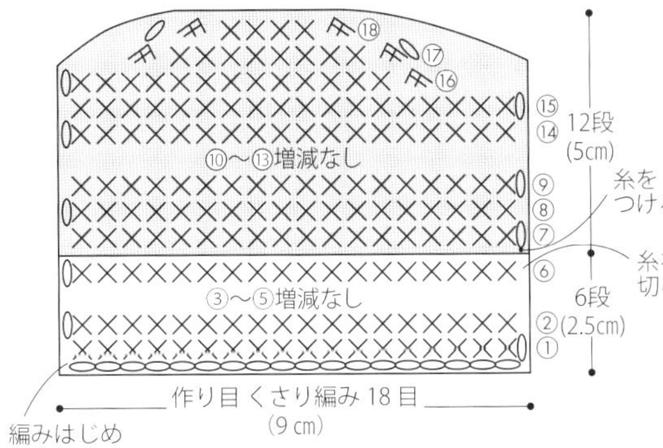

[コート・衿] 白

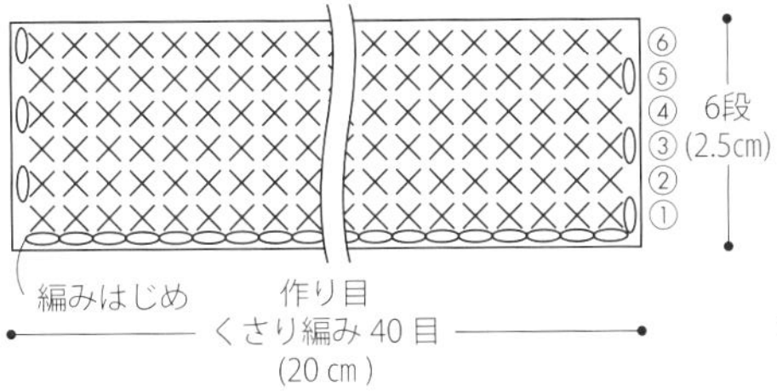

[マフラー] 白

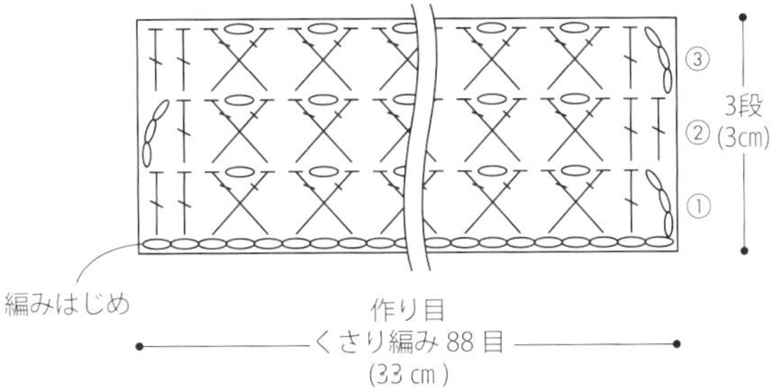

[コート・本体] □濃いピンク □白

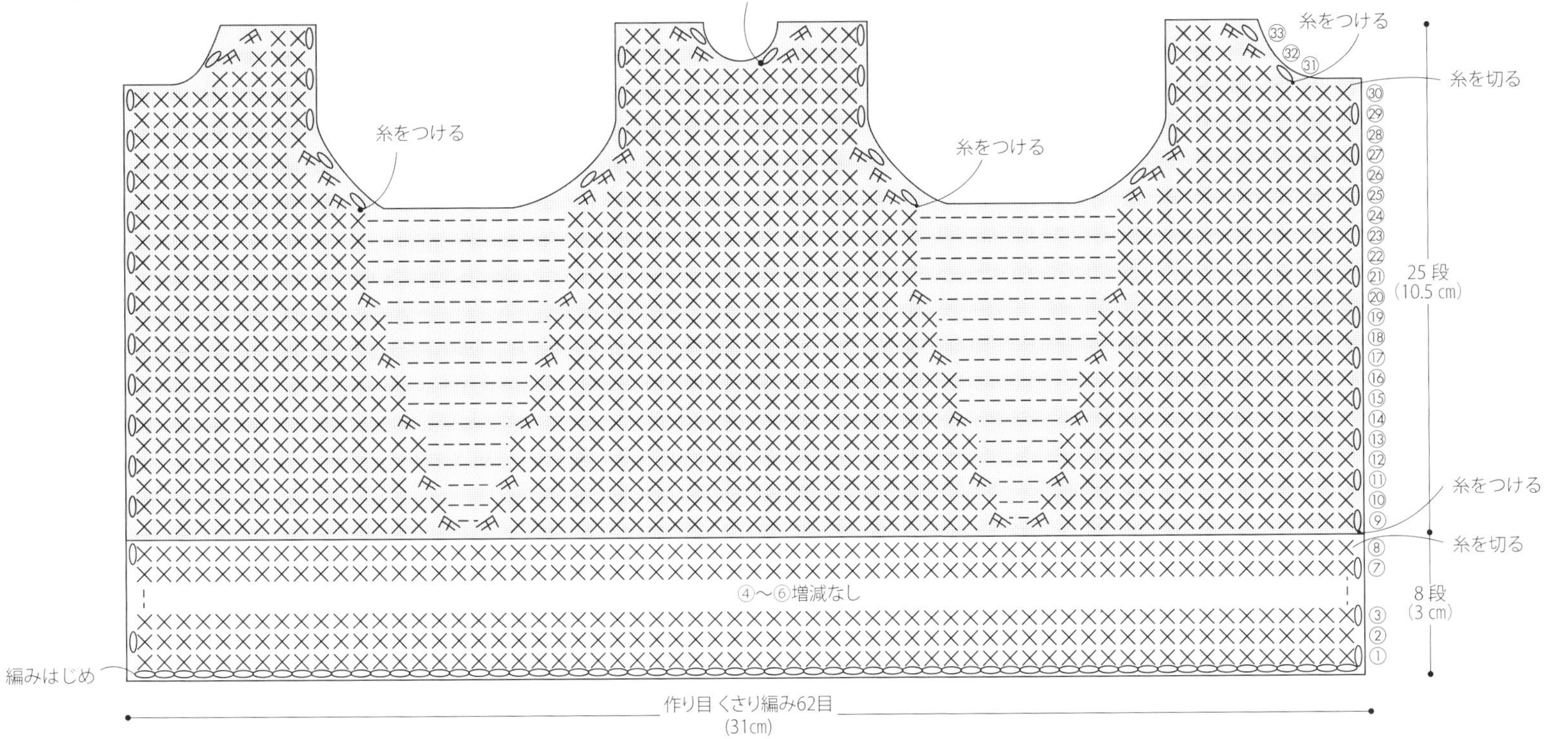

P.12 冬のメルちゃん

あおくんのセーター・パーカー・帽子

材料
糸：ハマナカ アメリー
［セーター］
グレー(30)15g
マジックテープ：適量
［パーカー］
薄茶(8)40g
［帽子］
ブルー(46)10g
白(51)5g

針
かぎ針6/0号

ゲージ
細編み5㎝角
10目11段
長編み5㎝角
9目4段

作り方

［パーカー］

［セーター］

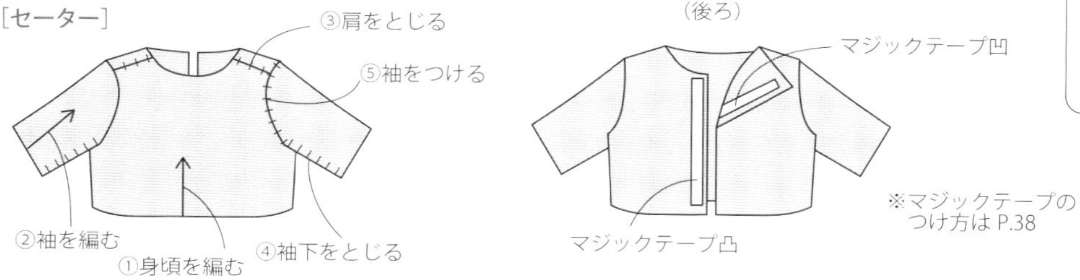

※マジックテープのつけ方は P.38

［帽子］

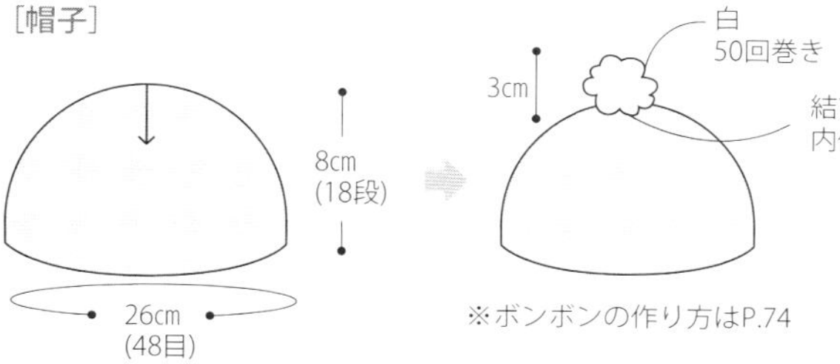

※ボンボンの作り方はP.74

編み図

［パーカー・袖］ 2枚 薄茶

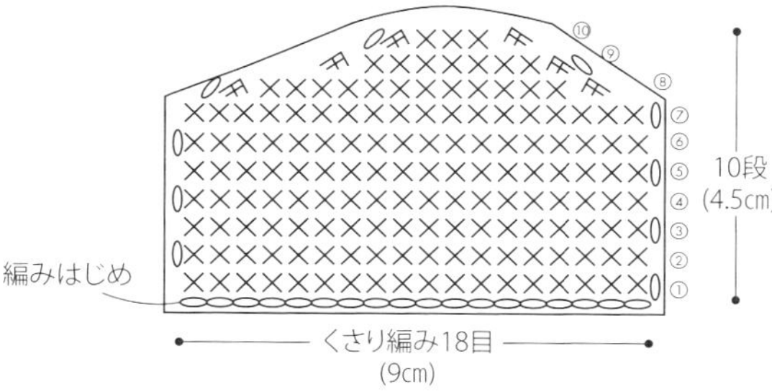

帽子の目の増減		
9～18	±0	→ 48
8	+6	→ 48
7	+6	→ 42
6	+6	→ 36
5	+6	→ 30
4	+6	→ 24
3	+6	→ 18
2	+6目	→ 12目
1段め	わの中に細編み6目	

［帽子］ ブルー

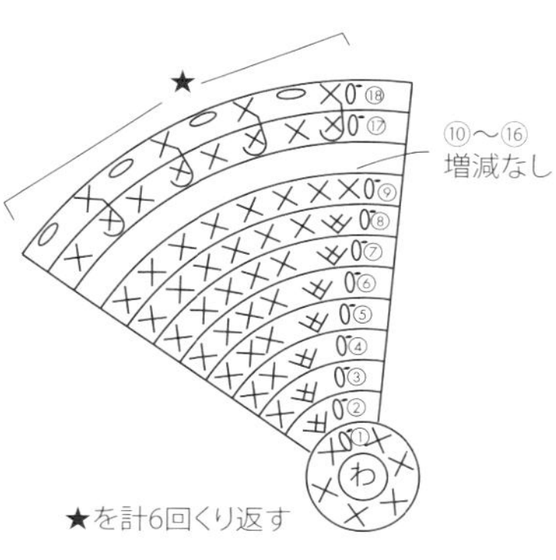

★を計6回くり返す

編み図

[セーター・身頃] グレー

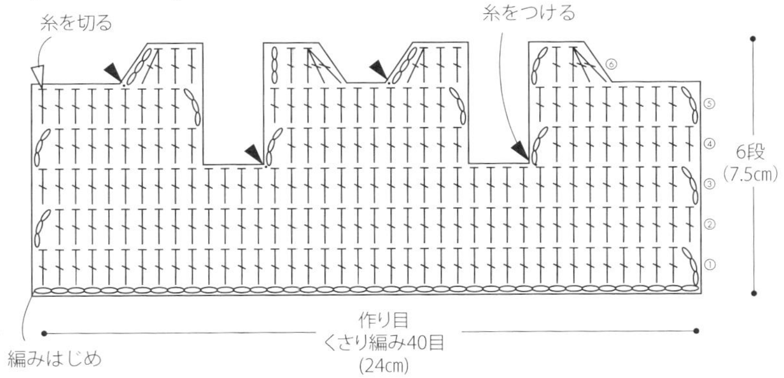

[セーター・袖] 2枚 グレー

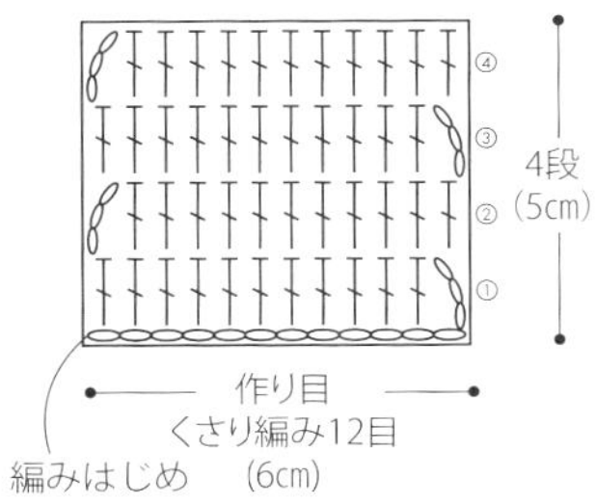

[パーカー・フード] 薄茶

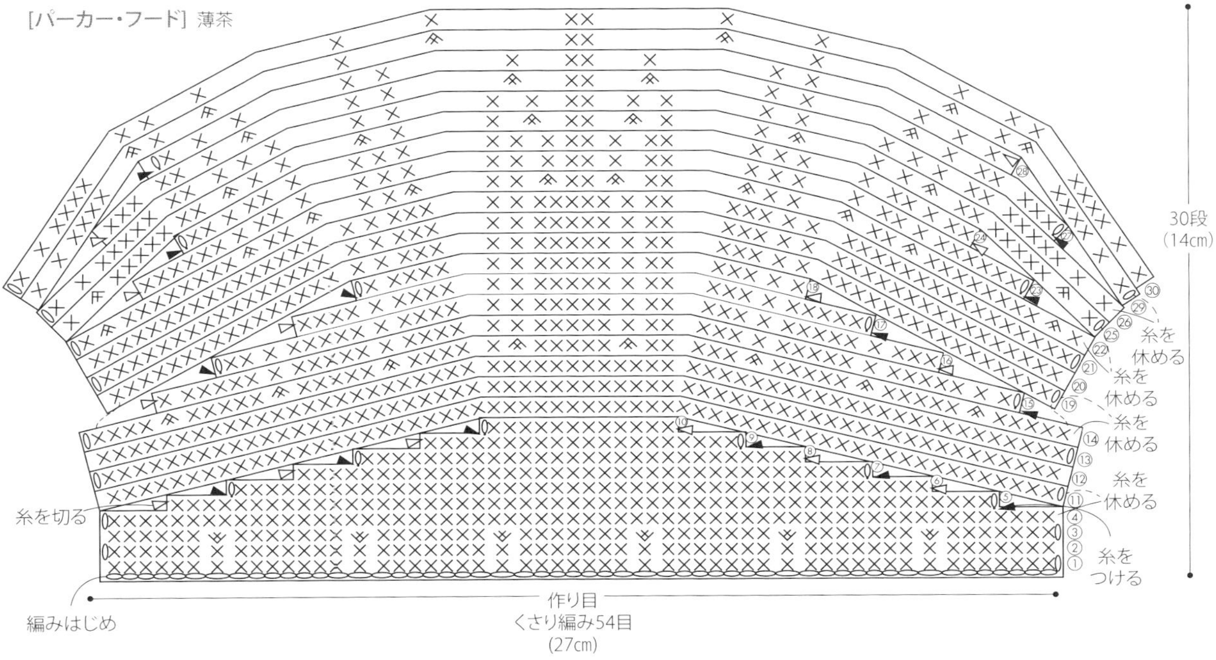

[パーカー・身頃] 薄茶

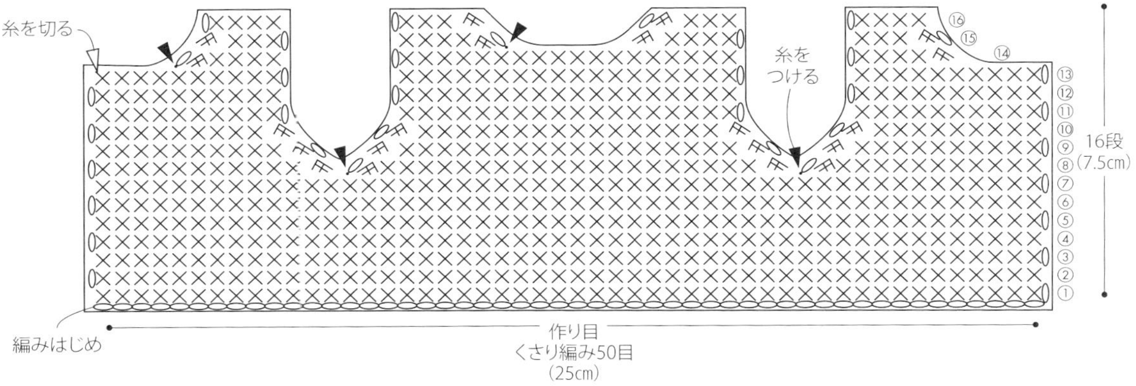

P.12 冬のメルちゃん

ブーツ

材　料

糸：ハマナカ アメリー
[メルちゃんのブーツ]
濃いピンク(32) 10g
[あおくんのブーツ]
紺(17) 10g

針

かぎ針6/0号

ゲージ

細編み5㎝角 10目12段

作り方

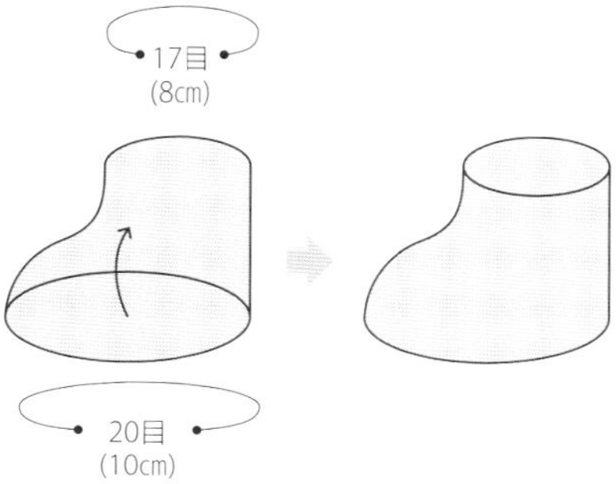

編み図

[ブーツ(共通)] 2枚
メルちゃん:濃いピンク
あおくん:紺

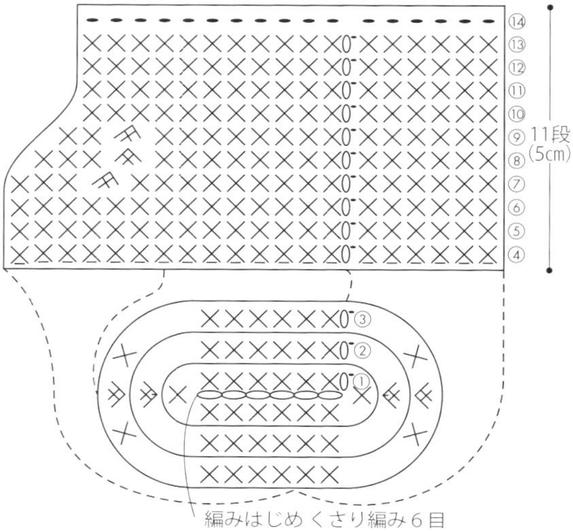

P.18 なかよしフルーツウエア

オレンジのスカート

材　料

糸：ハマナカ わんぱくデニス
黄(43) 15g

針

かぎ針5/0号

ゲージ

細編み5㎝角
10目10段

作り方

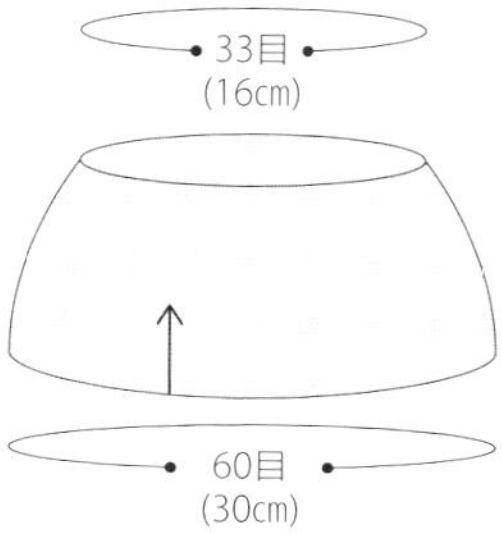

編み図

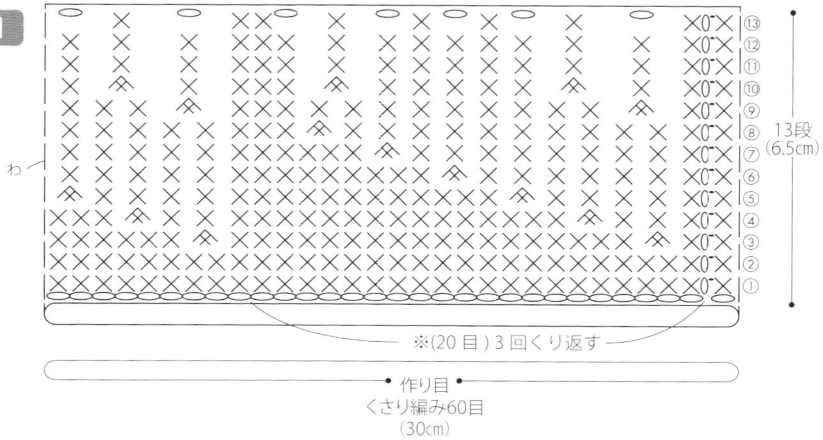

スカートの目の増減の仕方

11〜13	±0	→ 33
10	−6	→ 33
9	−3	→ 39
8	−3	→ 42
7	−3	→ 45
6	−3	→ 48
5	−3	→ 51
4	−3	→ 54
3	−3	→ 57
1・2段め	±0目	→ 60目
作り目	くさり編み60目	

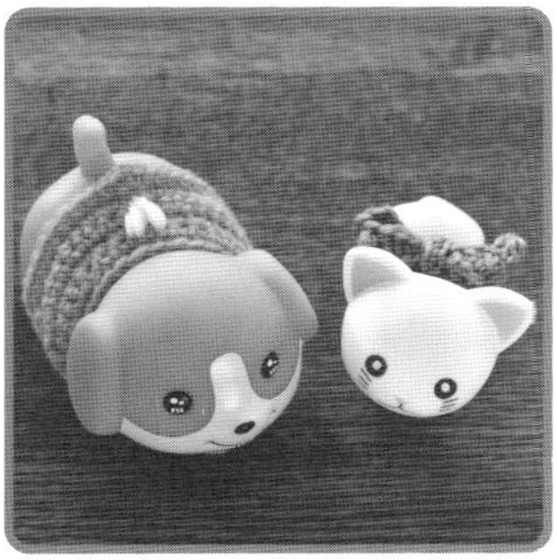

P.12 冬のメルちゃん

ポコちゃんのマント・ミルクちゃんのリボン

材　料

糸：ハマナカ アメリー
[マント] ピンク(7) 5 g、白(51) 少々
[リボン] 紫(43) 5 g
マジックテープ：少々

針

かぎ針6/0号

ゲージ

細編み5㎝角
10目13段

編み図

[マント] ピンク

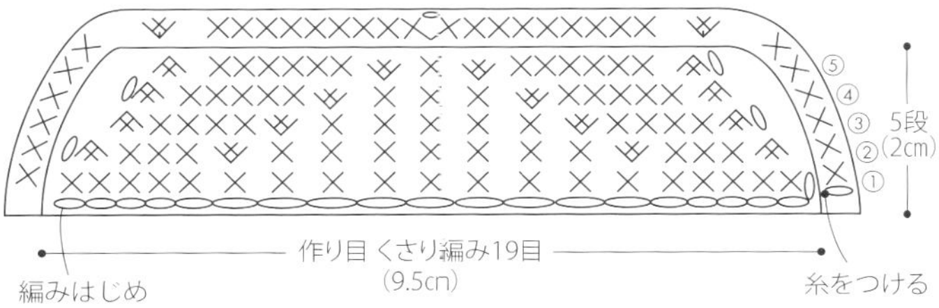

[リボン上] 紫

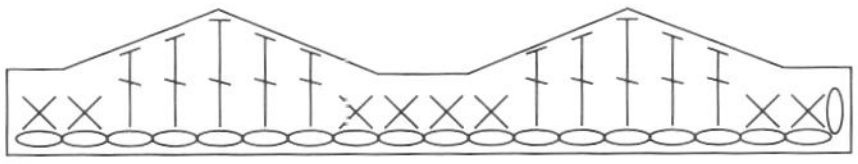

[リボン下] 紫

[リボン中心] 紫

[首輪] 紫

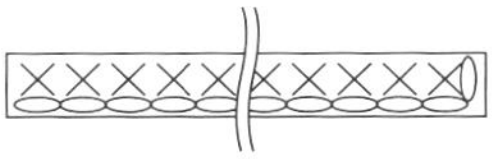

作り方

[マント]

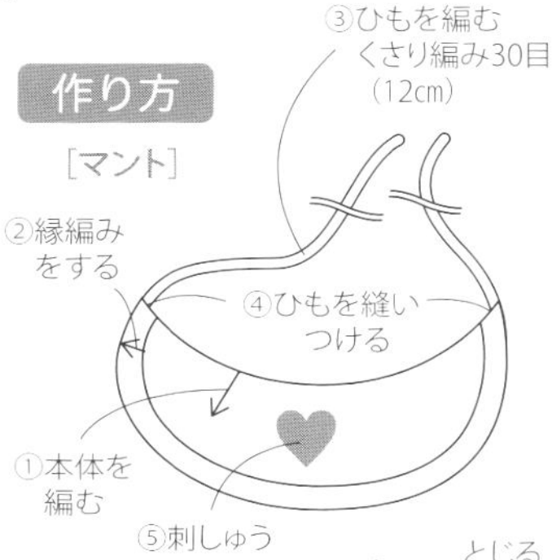

[リボン]

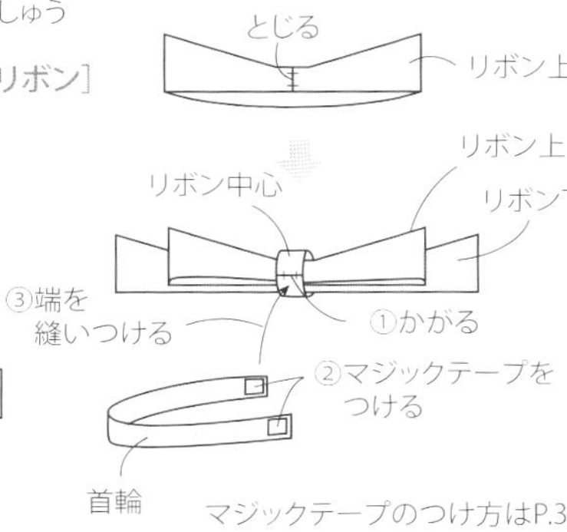

マジックテープのつけ方はP.38

P.14 なかよしニットコーデ

帽子

材　料

糸：ハマナカ アメリー
濃いピンク(32)・水色(15)・黄(25)・
ピンク(7)・青(46)・紫(43) 各10g

針

棒針(4本針)
4号・6号

ゲージ

メリヤス編み5㎝角
11目14段

♥：1－1－2減
2－1－4
3－1－2
段　目　回

♡：最終段で左上2目一度

作り方

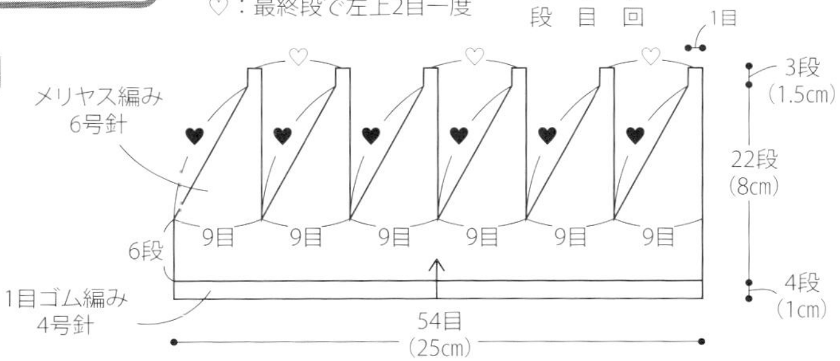

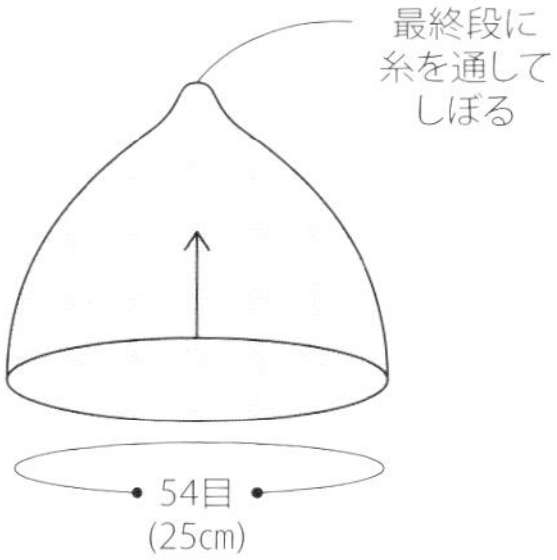

P.14 なかよしニットコーデ

編み込みセーター

材料

[セーター]
糸：ハマナカ アメリー
濃いピンク(32)・水色(15)・黄(25)・ピンク(7)・青(46)・紫(43) 各15g
マジックテープ：適量

針

棒針4号 2本
棒針6号 2本
縄編み針

ゲージ

模様編み5㎝角
13目15段

コーディネート

れなちゃん：うさちゃんワンピ
ゆかちゃん：ベレーぼうコーデ
ネネちゃん：ブラウスワンピ
メルちゃん：ブレザーコーデ
あおくん：メルちゃんのおともだちあおくん（ズボン）
リリィちゃん：メルちゃんのようちえんふく

作り方

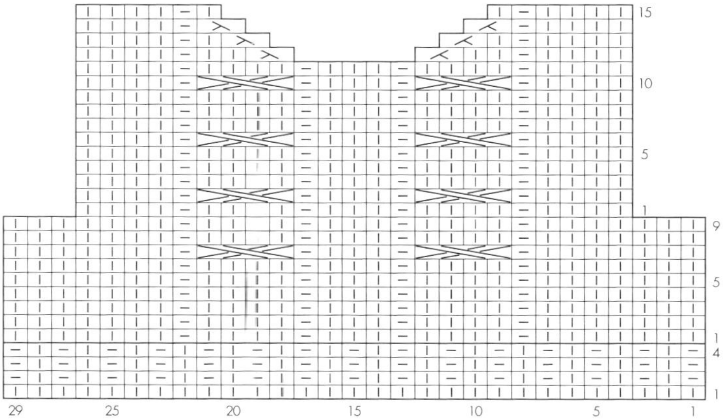

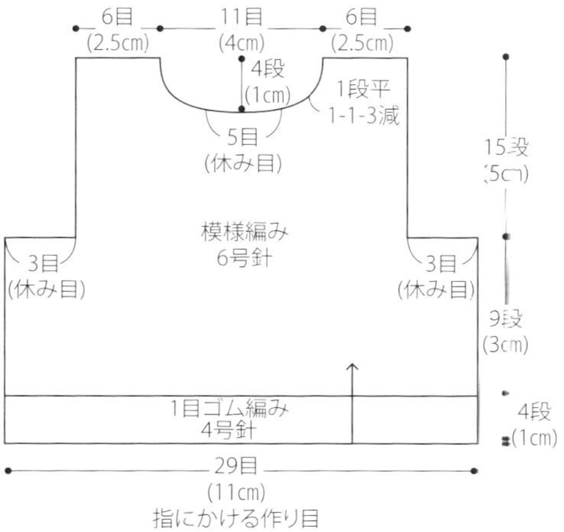

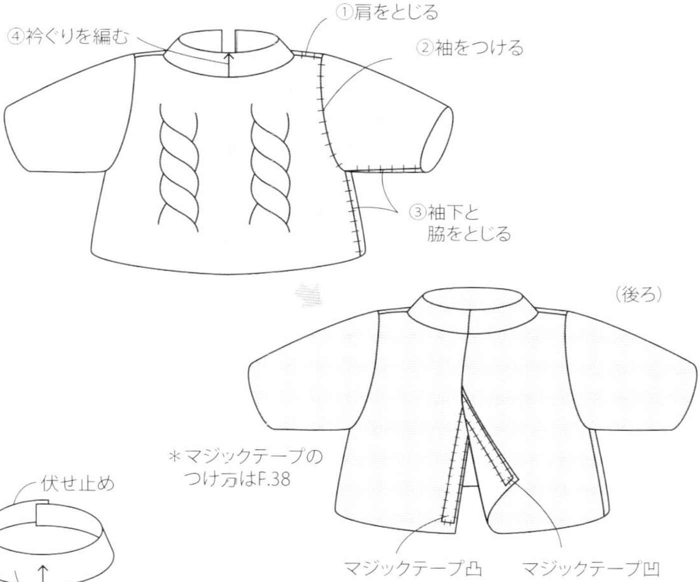

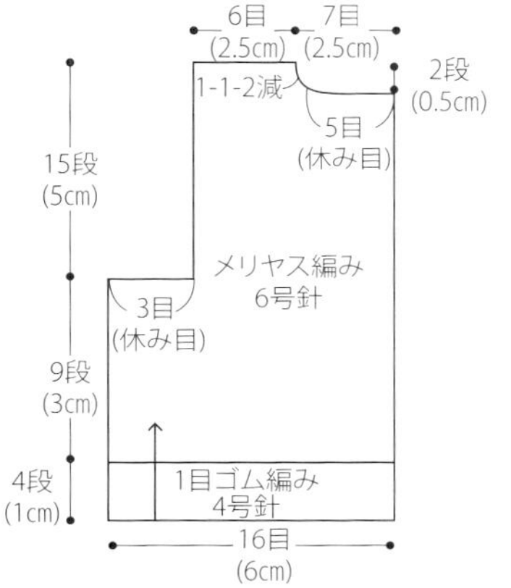

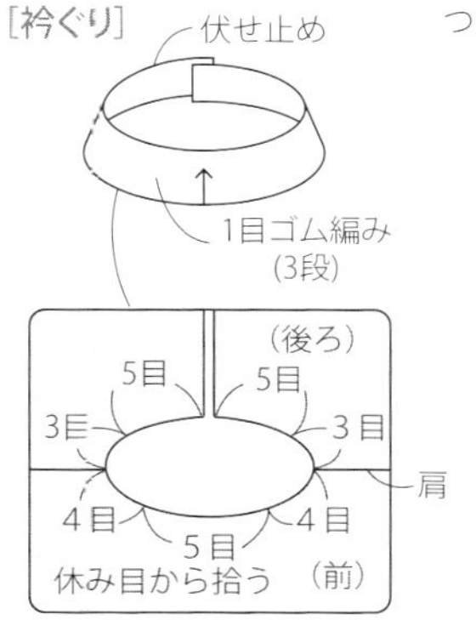

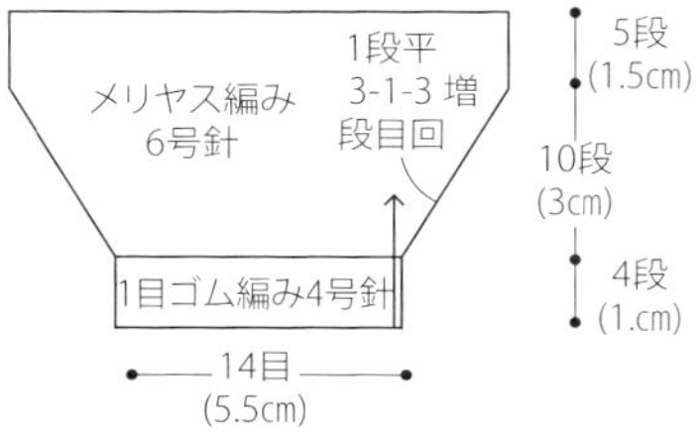

P.16 動物さんになって …

パンダさんのワンピース

材　料

糸：ハマナカ アメリー
黒(24)・白(51) 各10g
マジックテープ：適量

針

かぎ針6/0号

ゲージ

細編み５㎝角 10目12段

作り方

＊[帽子]の作り方・編み図はP.52、[ブーツ]の作り方・編み図はP.55

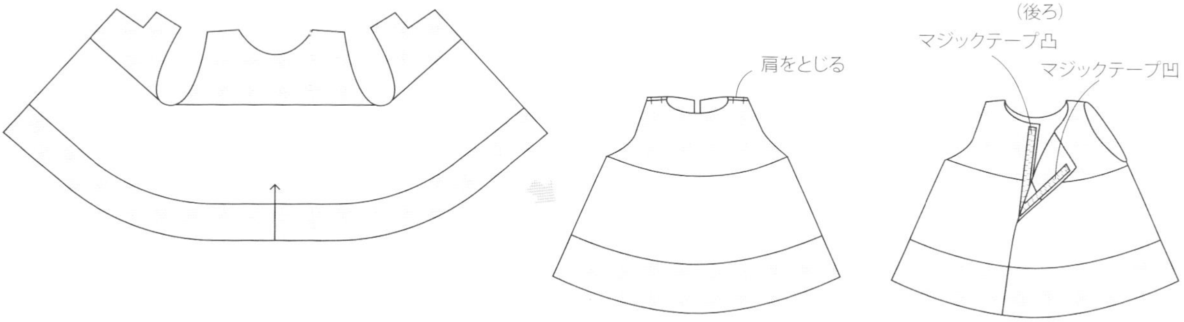

＊マジックテープのつけ方はP.38

編み図

[ワンピース]

□ 黒　◁ 糸を切る
□ 白　◀ 糸をつける

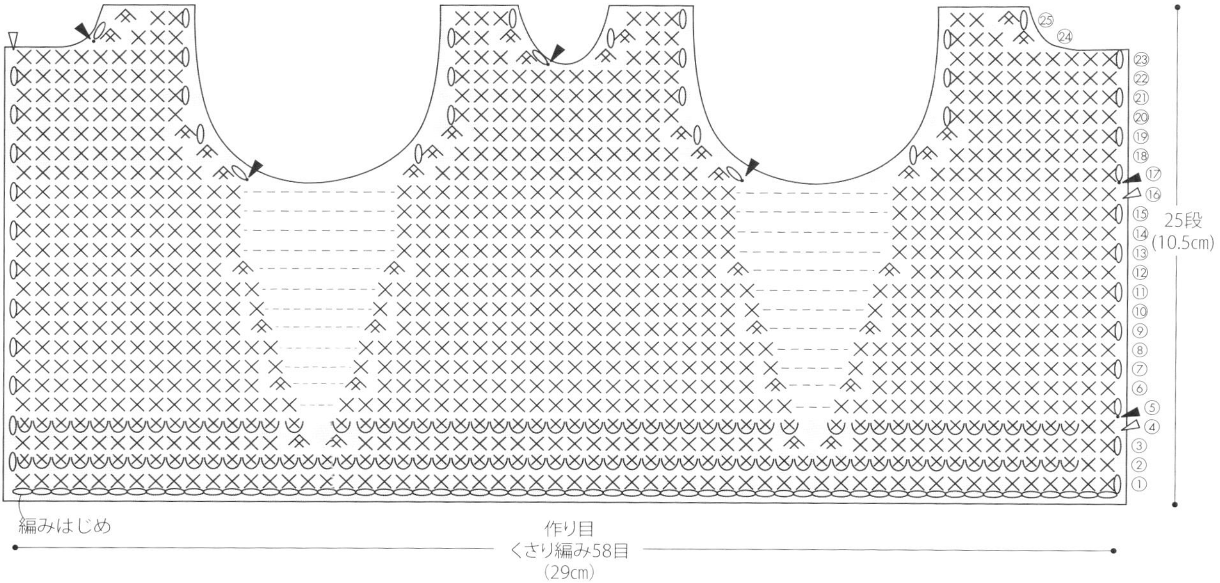

P.16 動物さんになって…

パンダさんの帽子

材料

糸：ハマナカ アメリー
白(51) 10g、黒(24) 5g

針

かぎ針6/0号

ゲージ

細編み 5cm角
10目12段

編み図

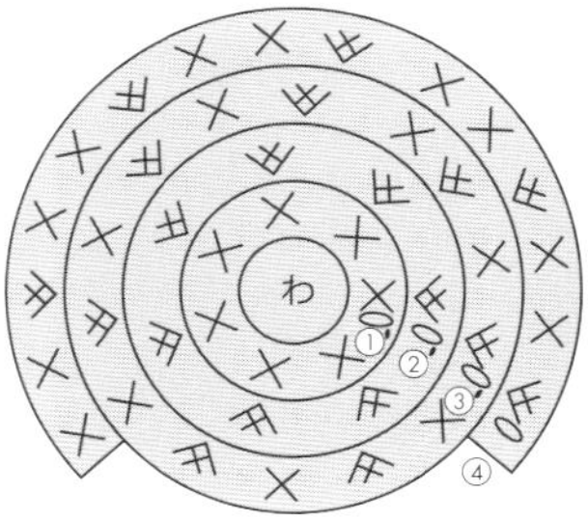

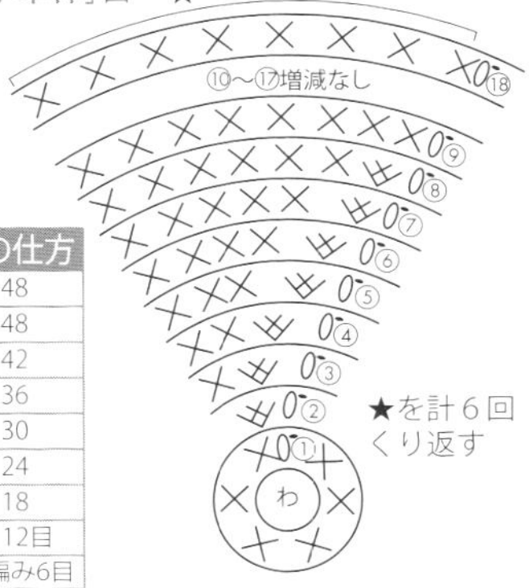

帽子の目の増減の仕方

9～18	±0	→ 48
8	+6	→ 48
7	+6	→ 42
6	+6	→ 36
5	+6	→ 30
4	+6	→ 24
3	+6	→ 18
2	+6目	→ 12目
1段め	わの中に細編み6目	

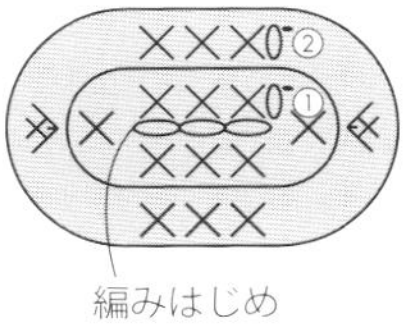

作り方

P.17 動物さんになって…

くまさんセット・うさぎさんセット

材料

糸：ハマナカ わんぱくデニス

[くまさんスーツ]
黄(3) 60g、白(1) 5g

[うさぎさんスーツ]
ピンク(9) 60g、白(1) 5g

マジックテープ：適量

[くまさんブーツ]
黄(3) 10g

[うさぎさんブーツ]
ピンク(9) 10g

針

かぎ針5/0号

ゲージ

細編み 5cm角
10目11段

作り方

＊ブーツの作り方・編み図は P.55パイナップルのブーツと共通

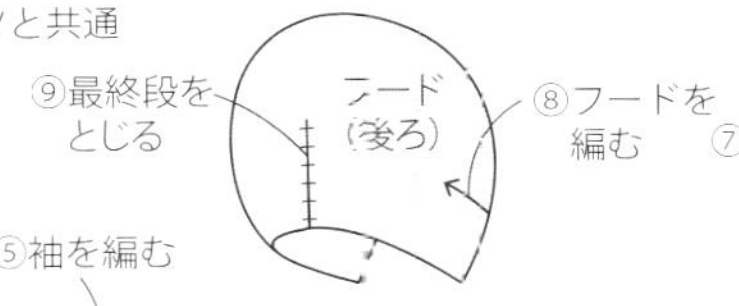

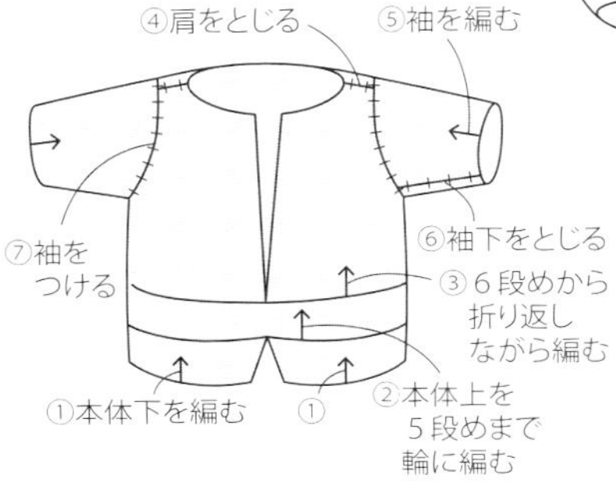

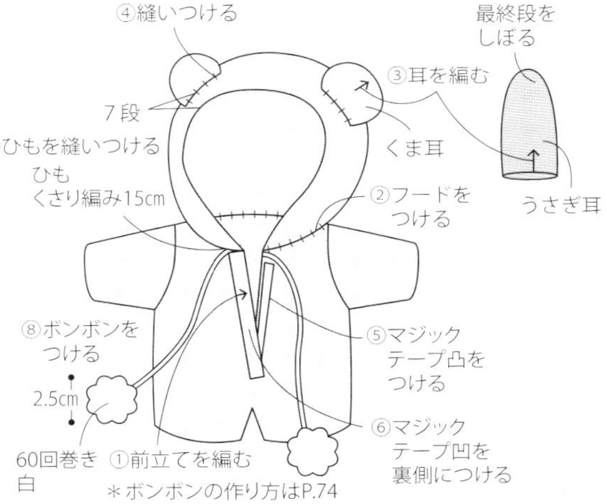

＊ボンボンの作り方はP.74
＊マジックテープのつけ方はP.38

編み図

[フード] くま:黄
うさぎ:ピンク

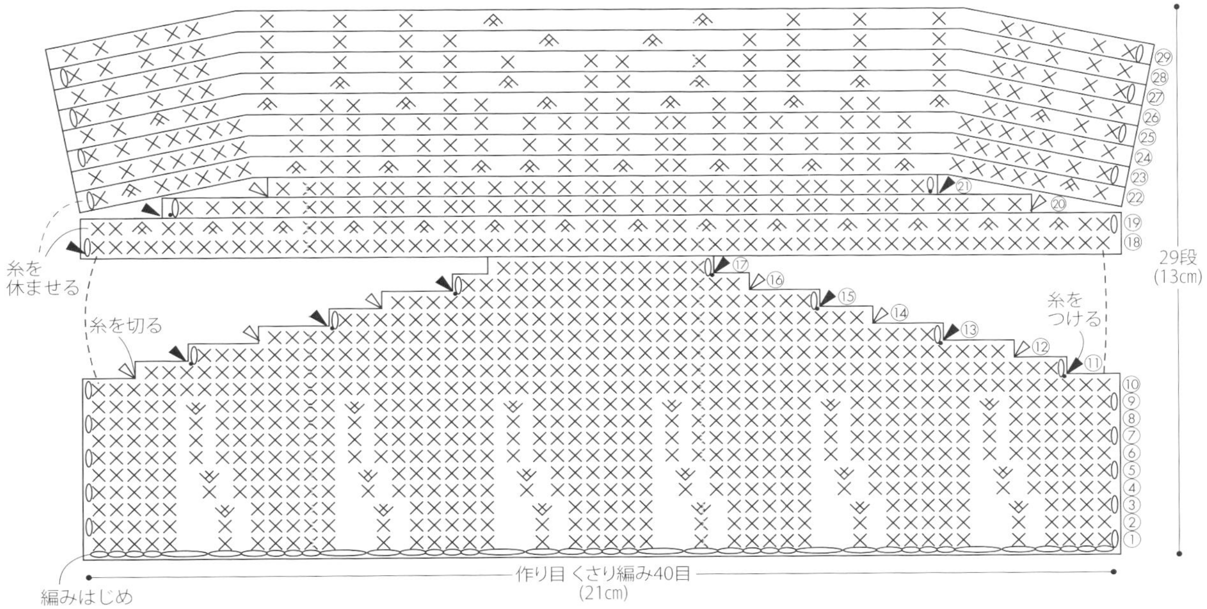

[本体] くま:黄
うさぎ:ピンク

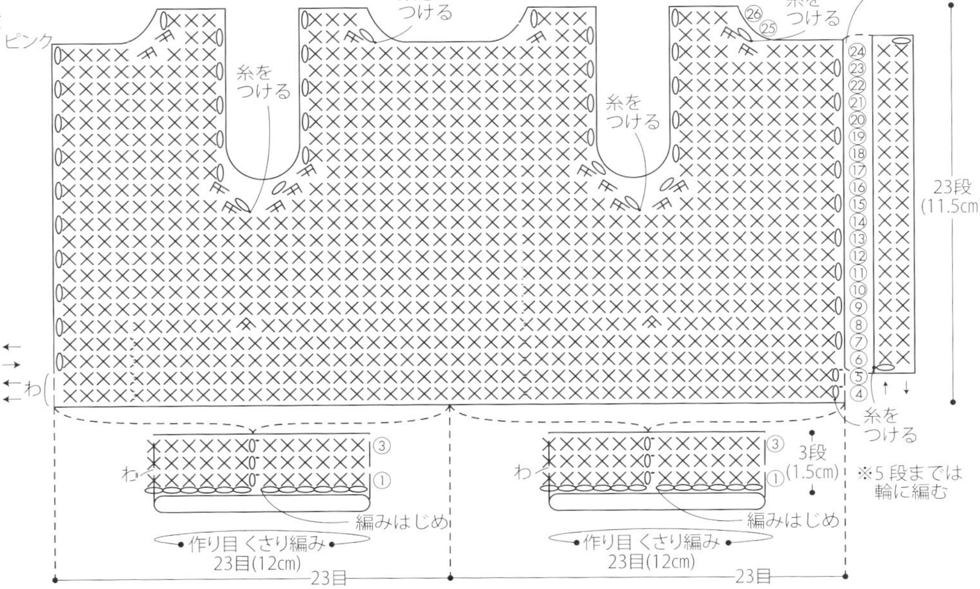

[うさぎ 耳] 2枚 ピンク

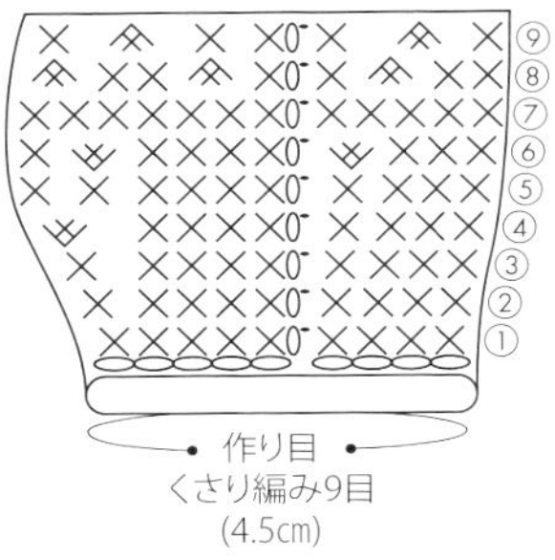

[くま 耳] 2枚 黄

[袖] 2枚 くま:黄
うさぎ:ピンク

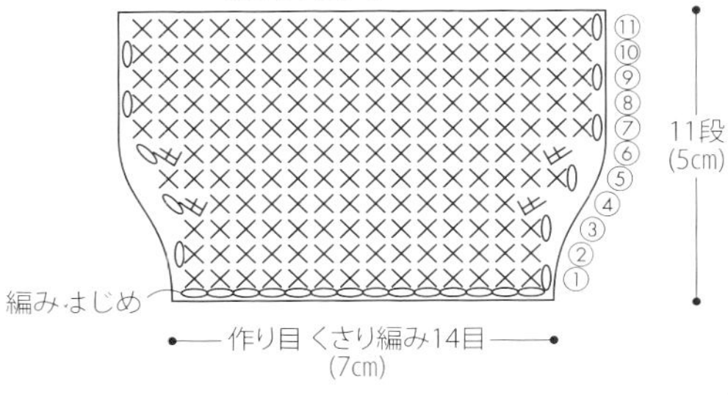

P.18 なかよしフルーツウエア

パイナップルのセット

材料

糸：ハマナカ アメリー

[帽子]

黄(25) 10g、緑(14) 10g

[シャツ]

黄(25) 15g、緑(14)・やまぶき(31) 各少々

マジックテープ：適量

[パンツ]

やまぶき(31) 15g

[ブーツ]

緑(14) 10g

針

かぎ針6/0号

ゲージ

細編み 5㎝角

10目13段

作り方

編み図

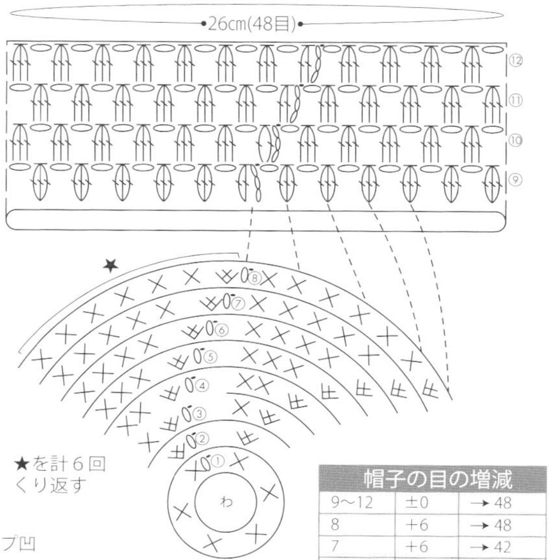

帽子の目の増減

9～12	±0	→ 48
8	+6	→ 48
7	+6	→ 42
6	+6	→ 36
5	+6	→ 30
4	+6	→ 24
3	+6	→ 18
2	+6目	→ 12目
1段め	わの中に細編み6目	

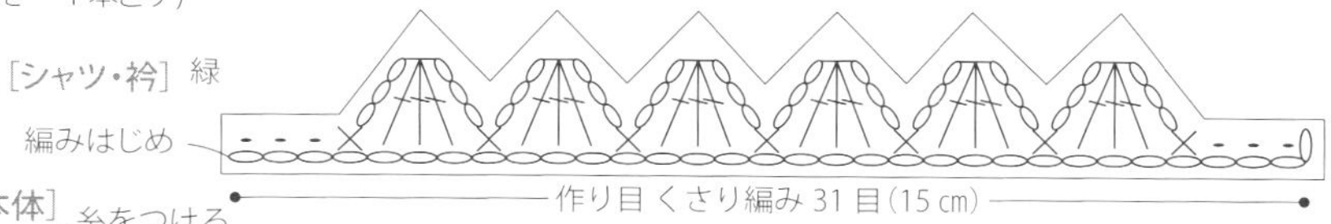

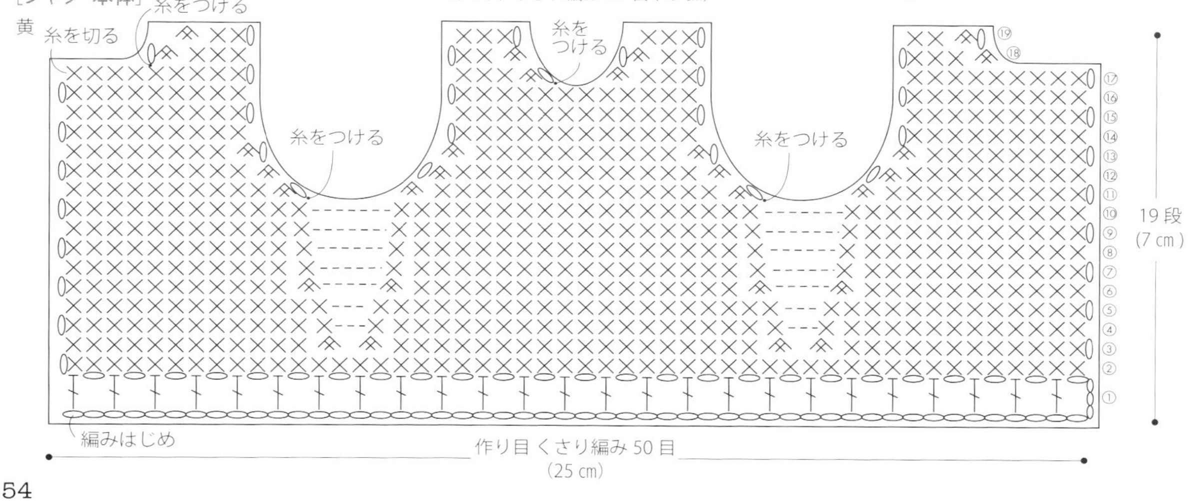

作り方

[パンツ]

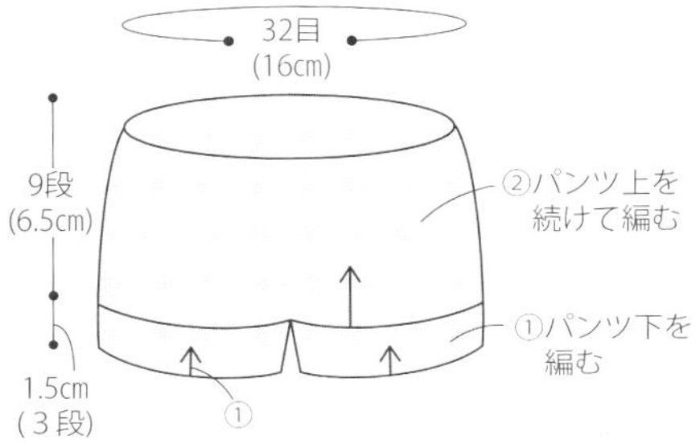

[ブーツ]

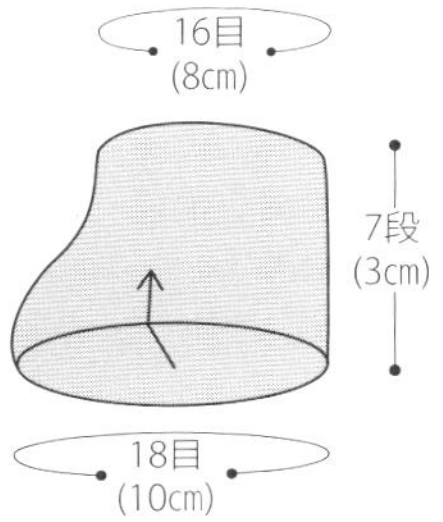

編み図

[パンツ上] 1枚
やまぶき

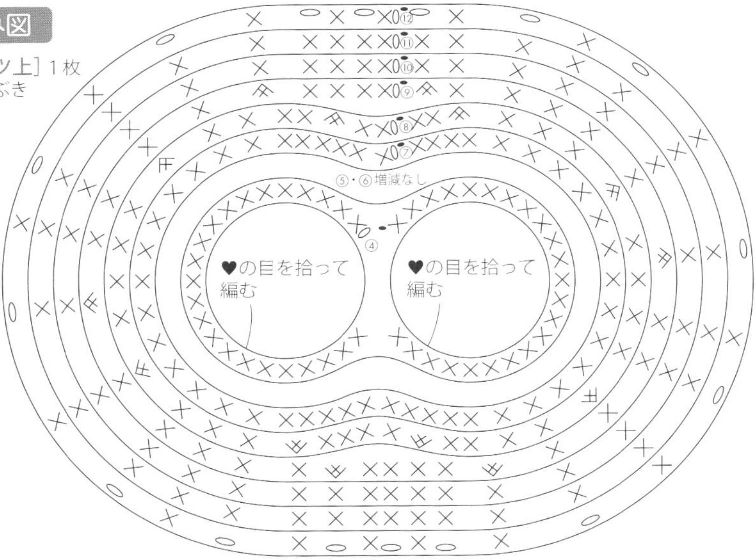

[ブーツ]
2枚 緑

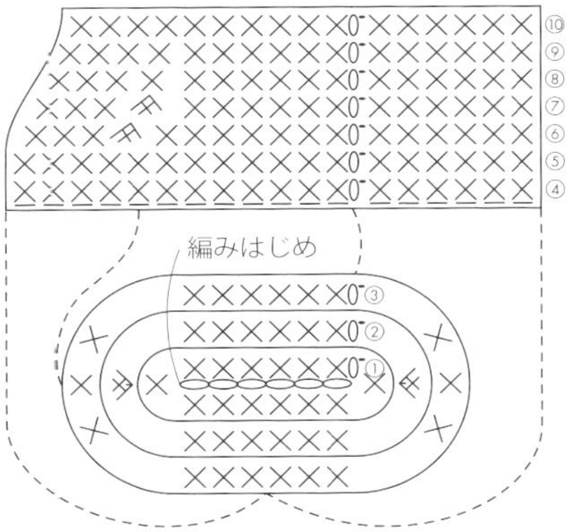

[パンツ下] 2枚 やまぶき

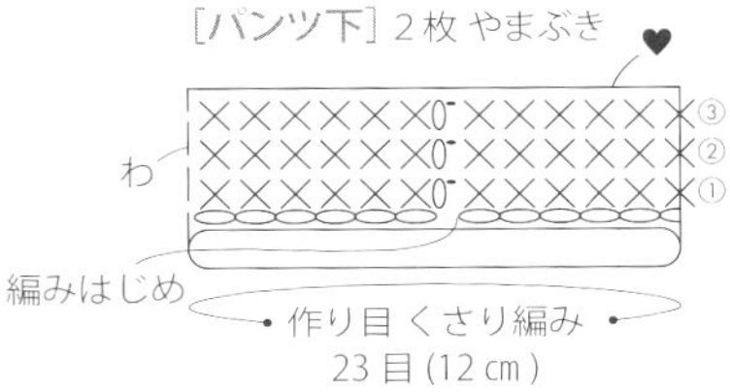

P.16 動物さんになって
パンダさんのブーツ

材料
糸：ハマナカ アメリー
黒(24) 10g、白(51) 5g

針
かぎ針6/0号

ゲージ
細編み 5cm角
10目12段

作り方

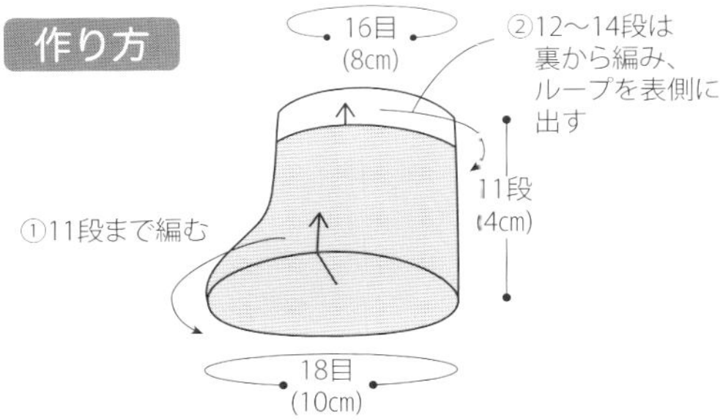

編み図

[本体] 2枚

□黒 □白

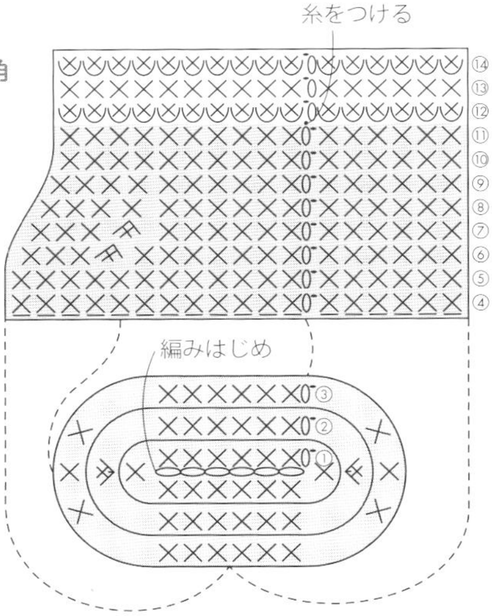

P.18 なかよしフルーツウエア

いちご・オレンジのセット

材　料

糸：ハマナカ アメリー
[いちごの帽子]
赤(5) 15g、緑(14) 5ｇ、白(51)適量
[いちごのワンピース]
赤(5) 20g、緑(14) ・白(51) 各5ｇ、黄(25) 少々
マジックテープ：適量
[いちごのブーツ]赤(5) 10g

糸：ハマナカ わんぱくデニス
[オレンジの帽子]
オレンジ(44) 15g、黄緑(53) 少々
[オレンジのシャツ]
オレンジ(44) 15g、黄緑(53) 5g
マジックテープ：適量
[オレンジのブーツ]黄緑(53) 10g

針

[いちご]
かぎ針6/0号
[オレンジ]
かぎ針5/0号

ゲージ

[いちご]
細編み 5cm角
10目12段
[オレンジ]
細編み 5cm角
10目10段

＊[オレンジのスカート]の作り方・編み図はP.48
＊[いちごのブーツ][オレンジのブーツ]の作り方・編み図はP.55パイナップルのブーツと共通

作り方

[いちごのワンピース]

※マジックテープのつけ方はP.38

[オレンジのシャツ]

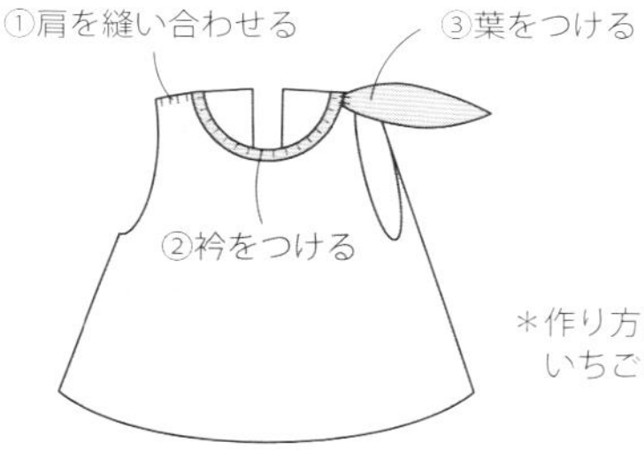

＊作り方は
いちごのワンピースと同じ

[いちごの帽子・オレンジの帽子]

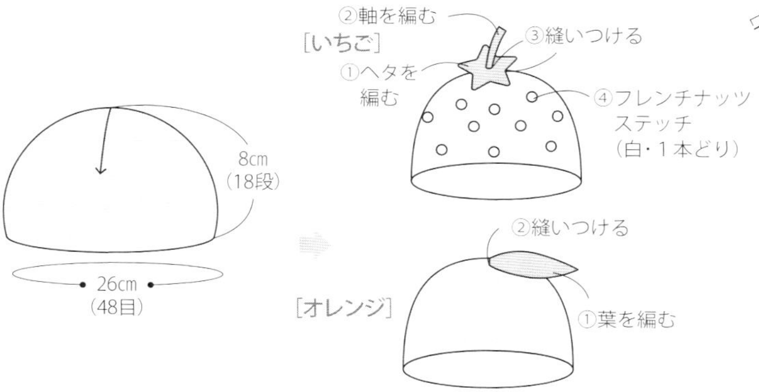

編み図

[帽子(共通)] いちご:赤
オレンジ:オレンジ

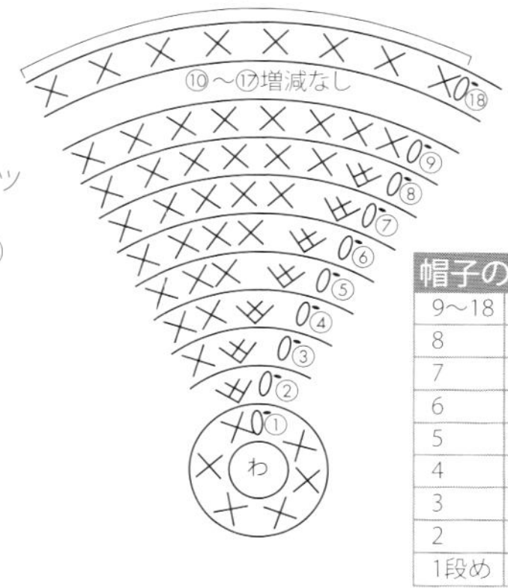

★を６回
くり返す

帽子の目の増減の仕方		
9～18	±0	→ 48
8	+6	→ 48
7	+6	→ 42
6	+6	→ 36
5	+6	→ 30
4	+6	→ 24
3	+6	→ 18
2	+6目	→ 12目
1段め	わの中に細編み6目	

編み図

[いちごのワンピース・花] 5枚 白

[いちごの帽子・ヘタ] 緑

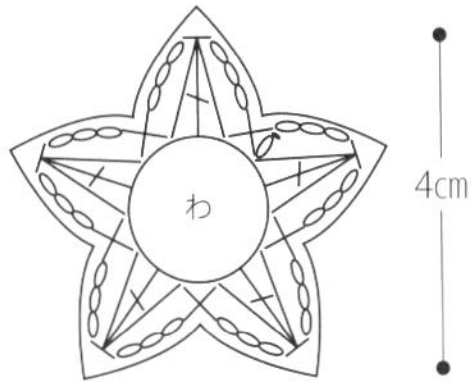

[オレンジのシャツ・衿] 黄緑

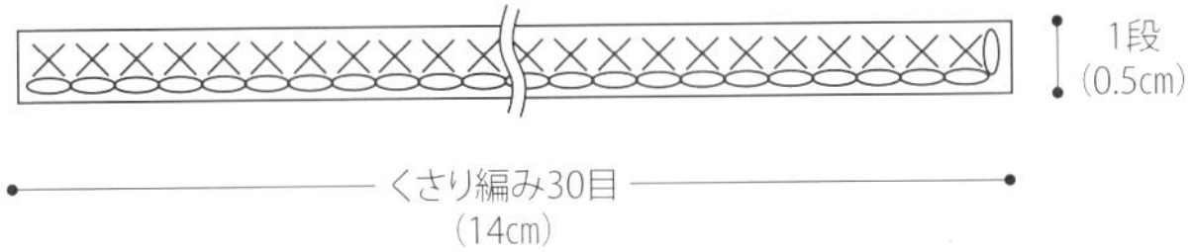

[いちごのワンピースの衿] 緑

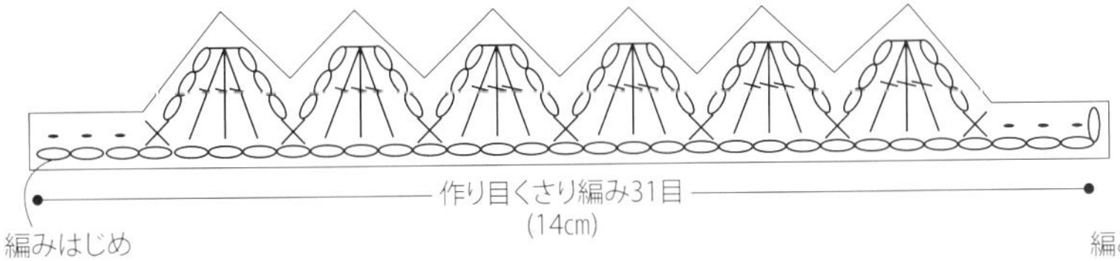

[いちごの帽子・軸] 緑

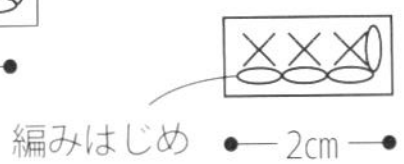

[オレンジの葉(帽子・シャツ共通)] 2枚 黄緑

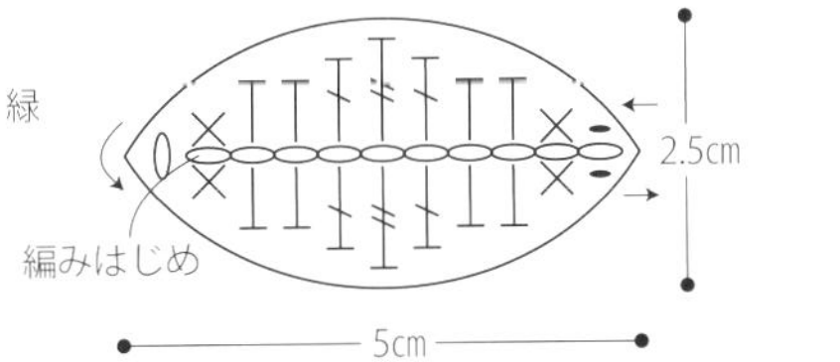

[いちごのワンピース・オレンジのシャツ(共通)] いちご:赤
オレンジ:オレンジ

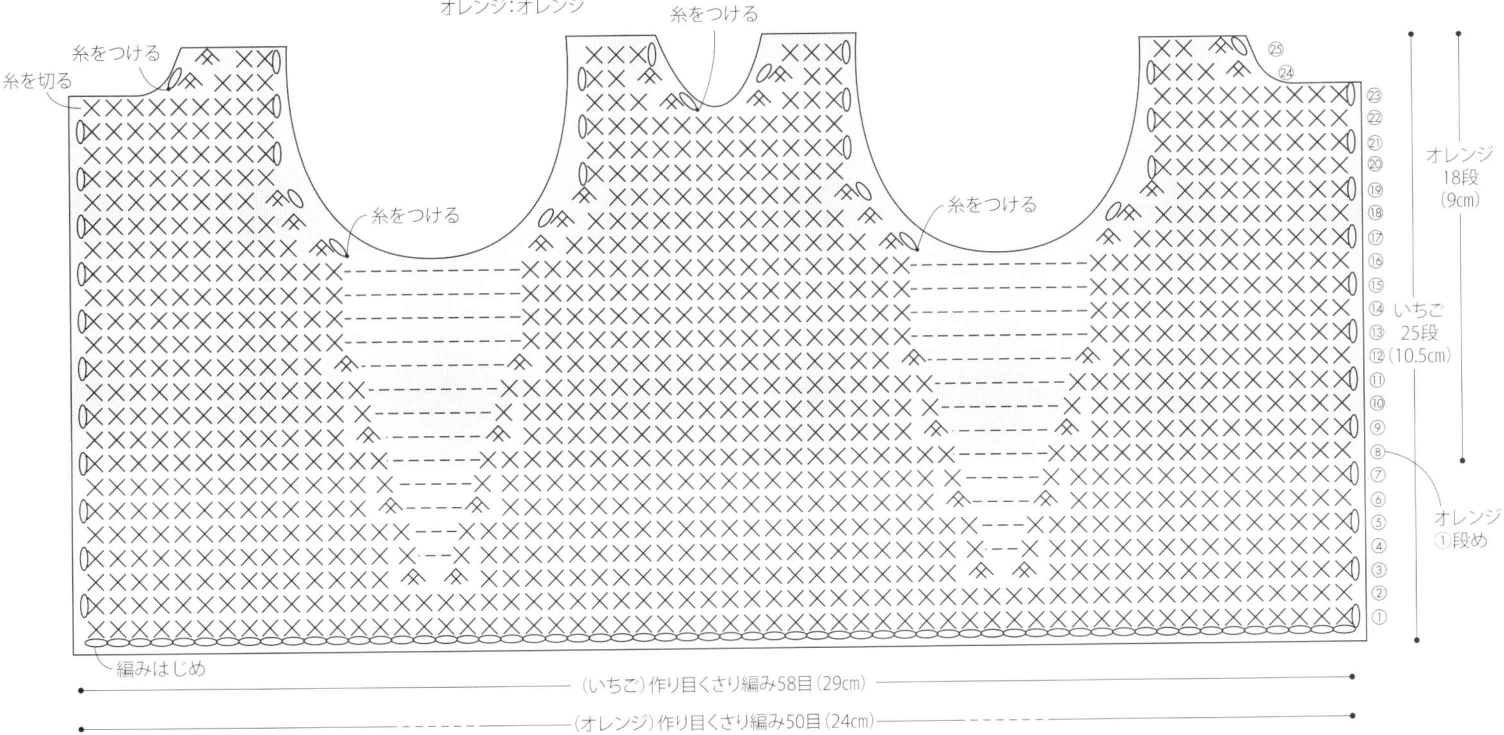

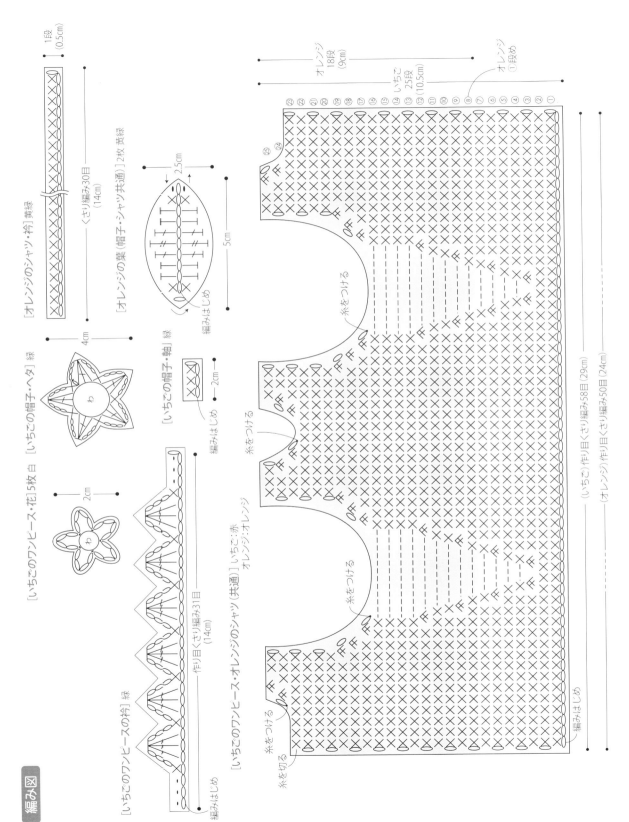

P.20

童話の世界から…

不思議の国のアリスのセット

材料

糸：ハマナカ　アメリー
［ワンピース］
水色（15）25g
マジックテープ：適量

［エプロン］
白（51）25g
［リボン］
黒（24）5g

針

かぎ針6/0号

ゲージ

細編み5㎝角
10目13段

作り方

［ワンピース］

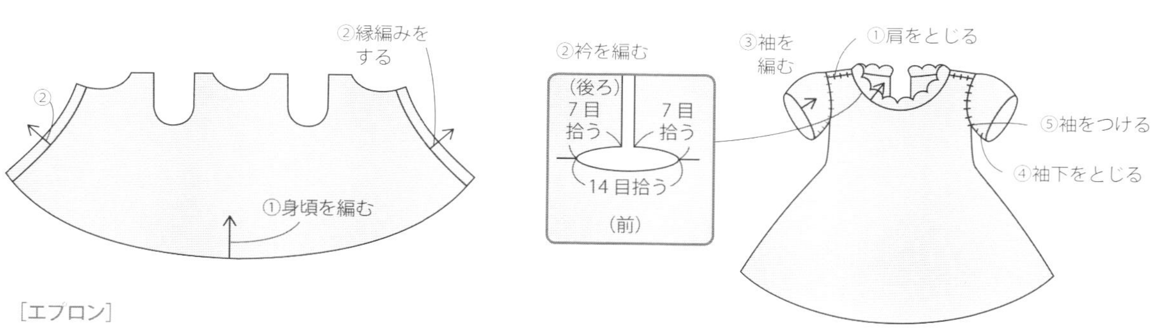

［エプロン］

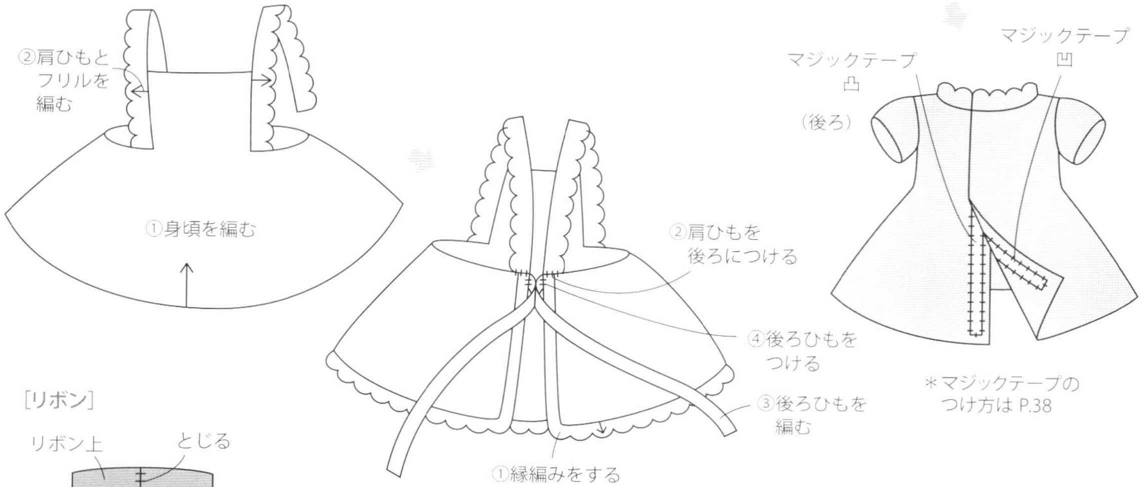

＊マジックテープのつけ方は P.38

［リボン］

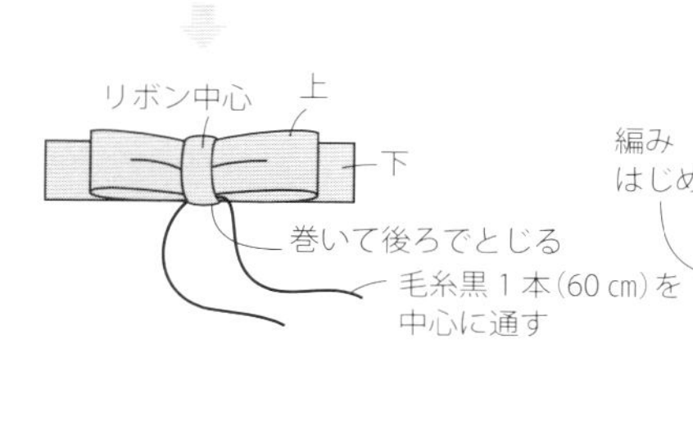

編み図

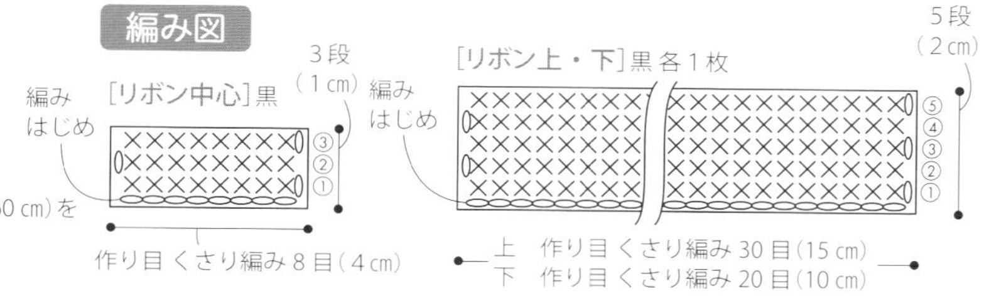

編み図

□白 □水色

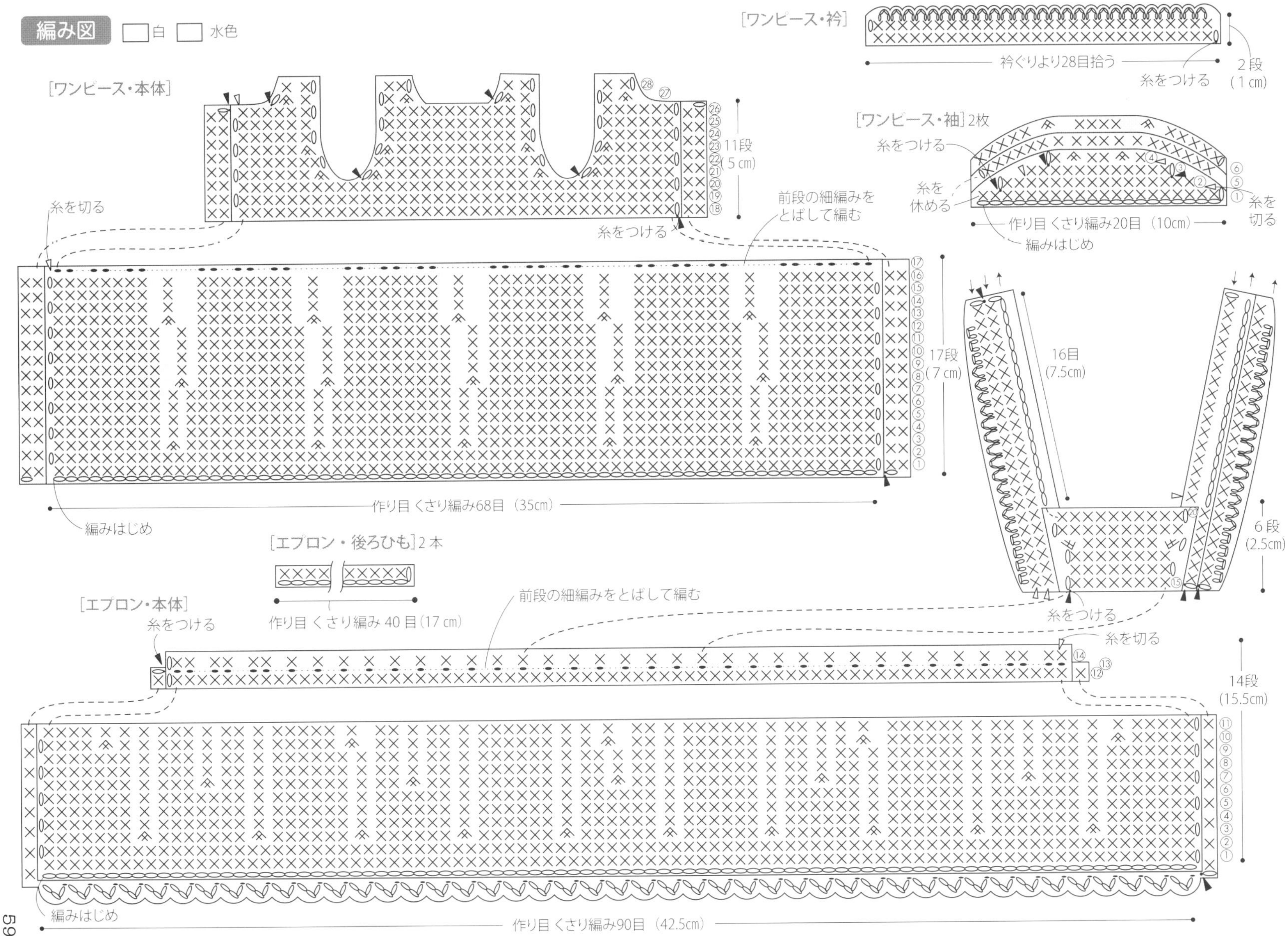
[ワンピース・本体]
11段
(5cm)
糸を切る
前段の細編みを
とばして編む
糸をつける
17段
(7cm)
作り目 くさり編み68目（35cm）
編みはじめ
[ワンピース・衿]
衿ぐりより28目拾う
糸をつける
2段
(1cm)
[ワンピース・袖]2枚
糸をつける
糸を
休める
糸を
切る
作り目 くさり編み20目（10cm）
編みはじめ
16目
(7.5cm)
6段
(2.5cm)
糸をつける
糸を切る
[エプロン・後ろひも]2本
作り目 くさり編み 40 目(17 cm)
[エプロン・本体]
糸をつける
前段の細編みをとばして編む
14段
(15.5cm)
編みはじめ
作り目 くさり編み90目（42.5cm）

P.21 童話の世界から…
赤ずきんちゃん

材料
糸：ハマナカ アメリー
[ずきん] 赤(5) 35g
[ベスト] 黒(24) 10g
[ブーツ] 赤(5) 10g

針
かぎ針6/0号

ゲージ
細編み5㎝角
10目13段

作り方

[ずきん]

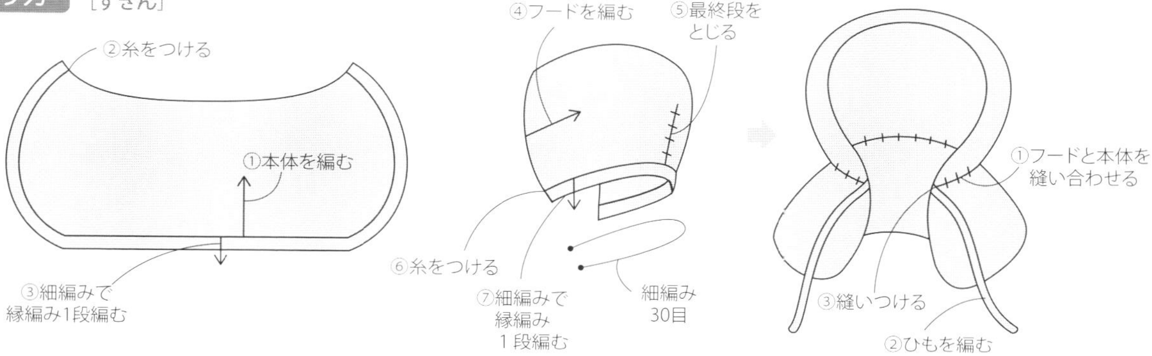

[ベスト]

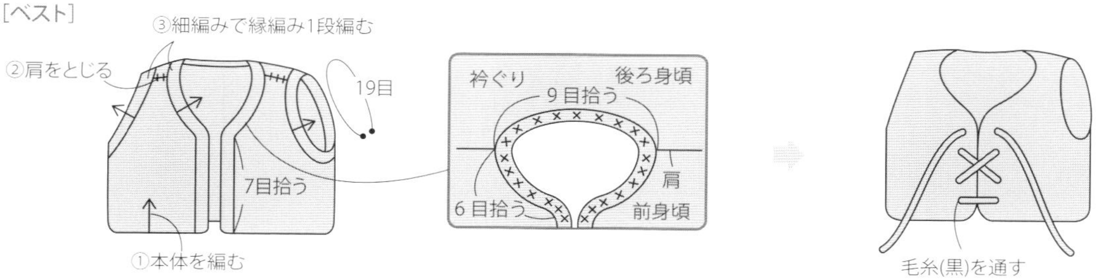

[ブーツ]

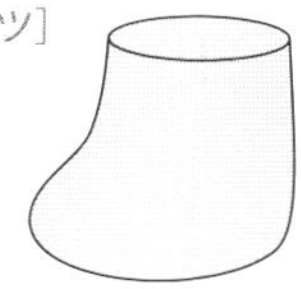

＊ブーツの
編み図・作り方は
P.55 パイナップルのブーツと共通

編み図

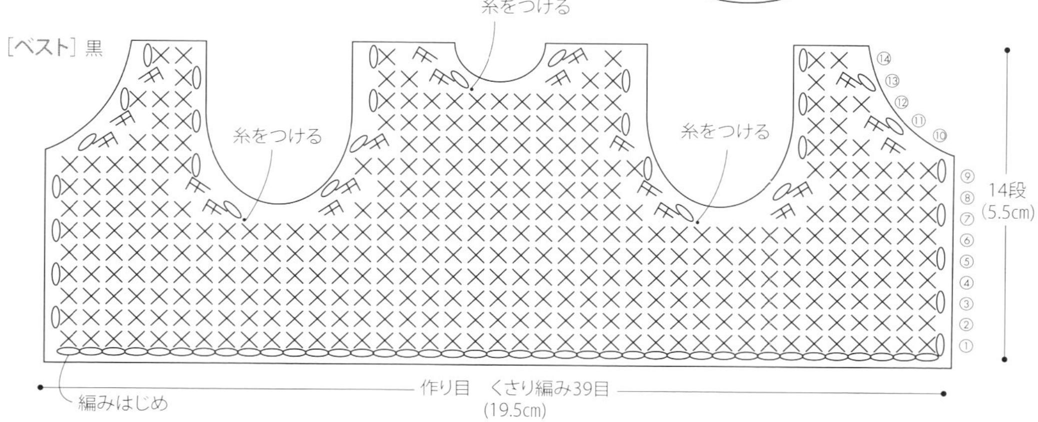

[ずきんのひも] 2本　赤

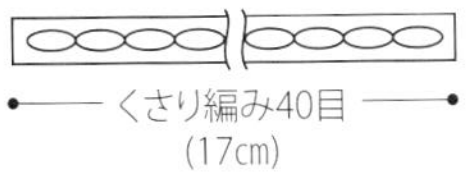

[ずきん・フード] 赤

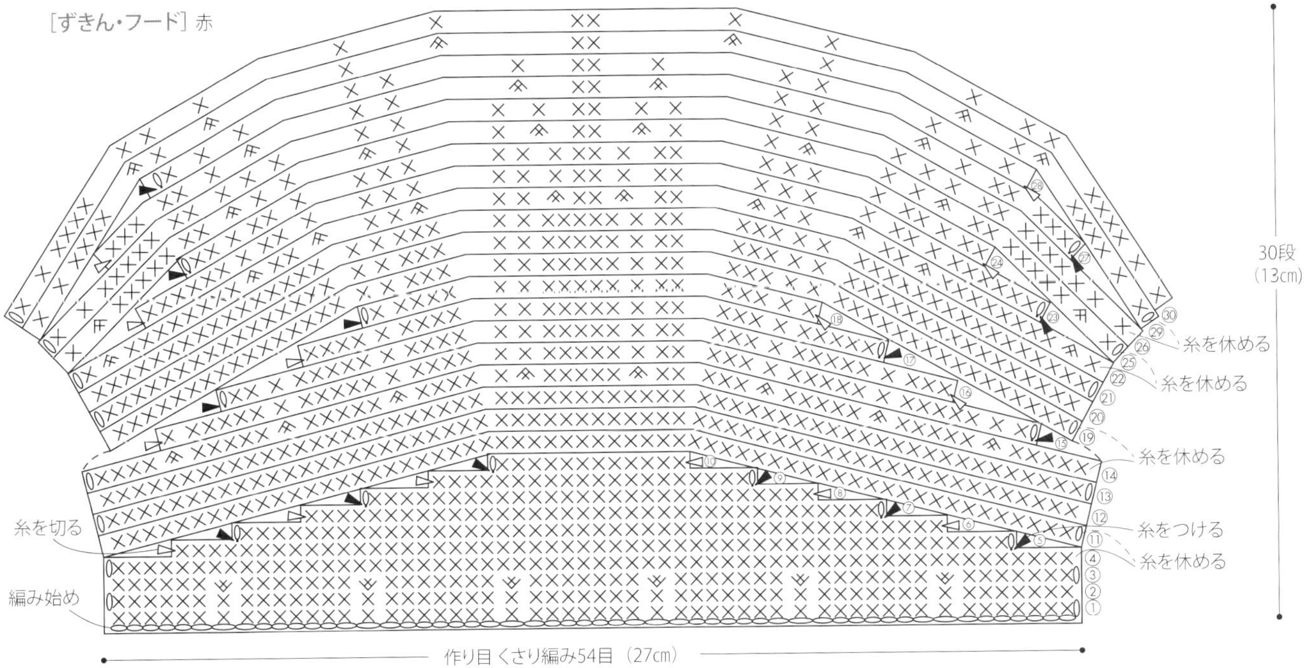

[ずきん・本体] 赤

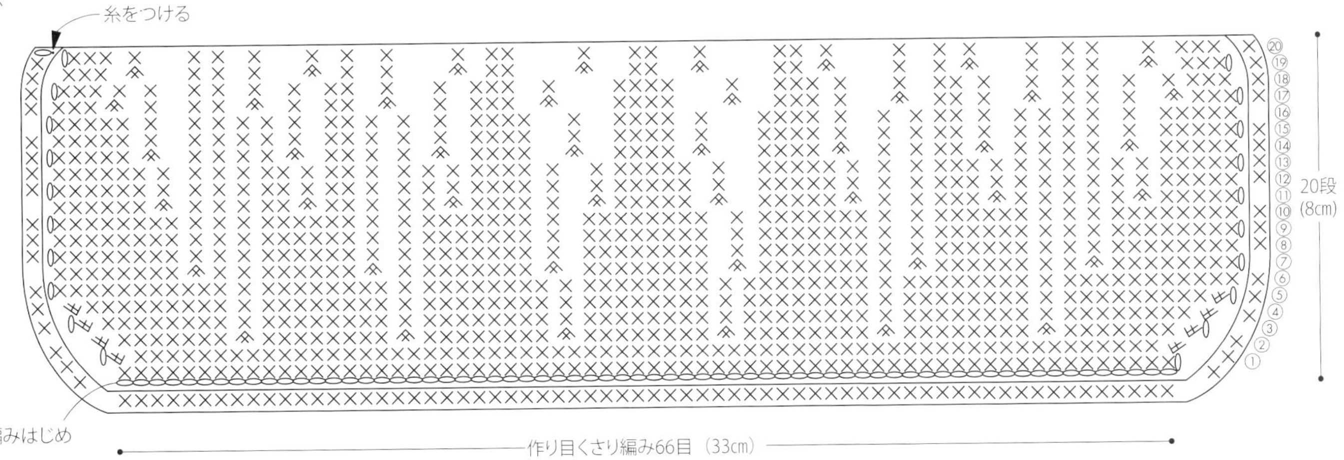

P.22 お姫さまになって……

白いドレス&ケープ

材 料

糸：ハマナカ ソノモノヘアリー

[ドレス]
白(121) 30g
25番刺しゅう糸：ゴールド適量
マジックテープ：適量

[ケープ]
白(121) 10g
25番刺しゅう糸：
ゴールド適量

※ゴールドのリボンの作り方はP.70

針

かぎ針5/0号

ゲージ

細編み５㎝角
９目13段

作り方

[ドレス]

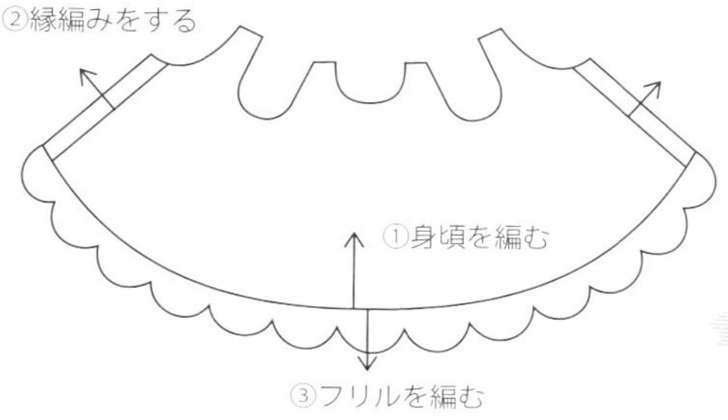

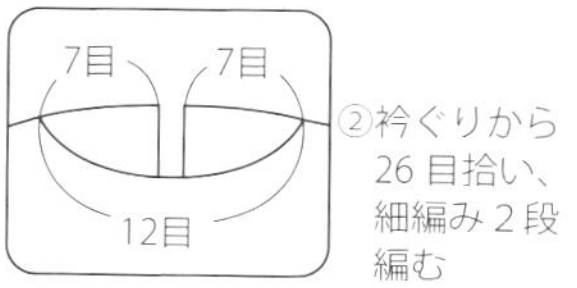
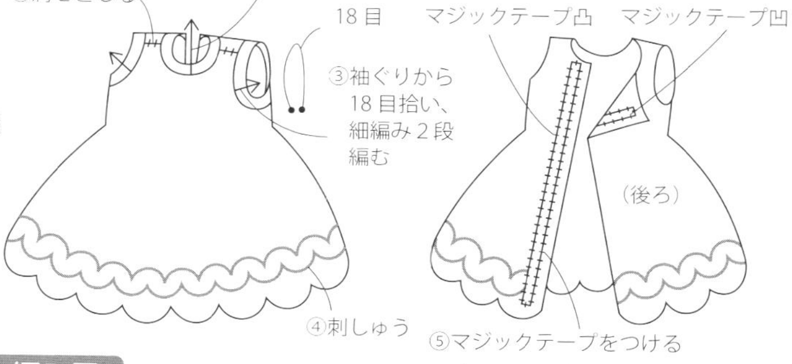

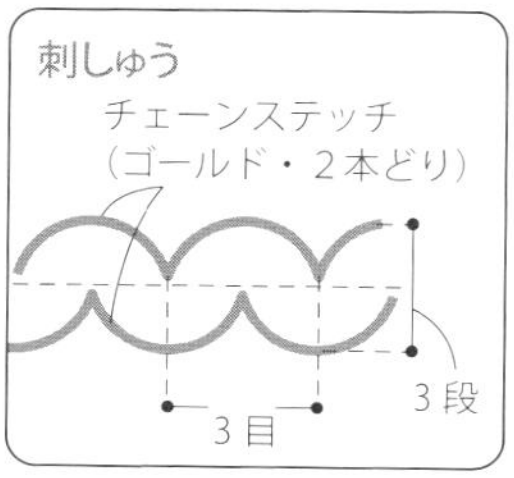

※マジックテープのつけ方は P.38

[ケープ]

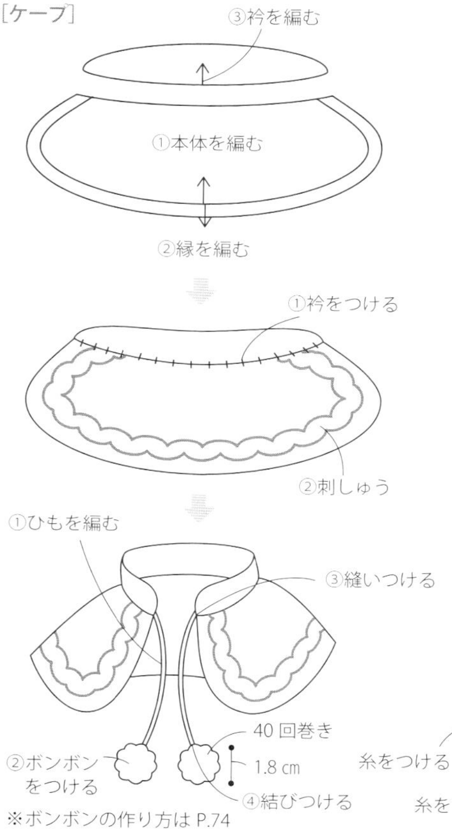

※ボンボンの作り方は P.74

編み図

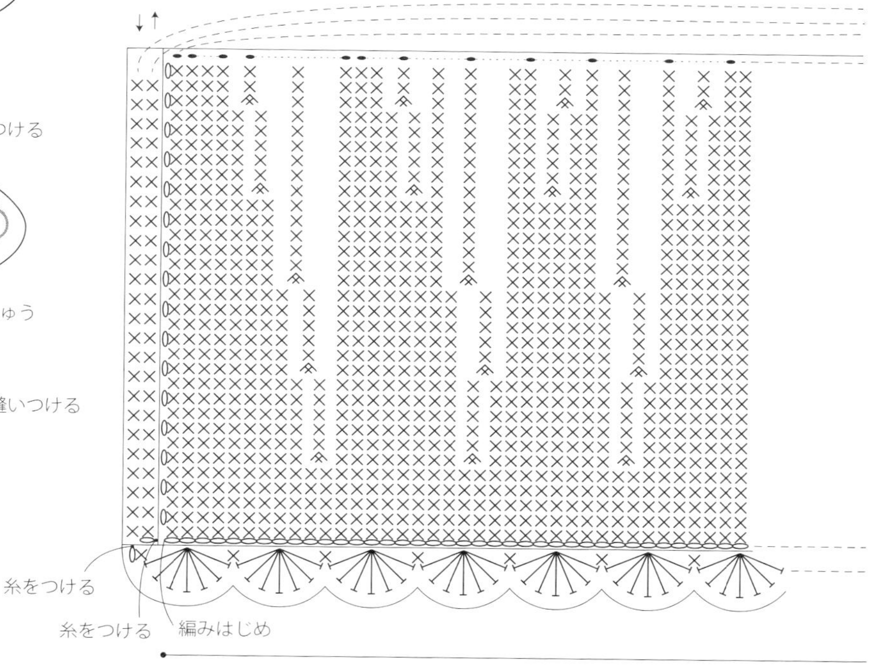

編み図

［ケープ・衿］

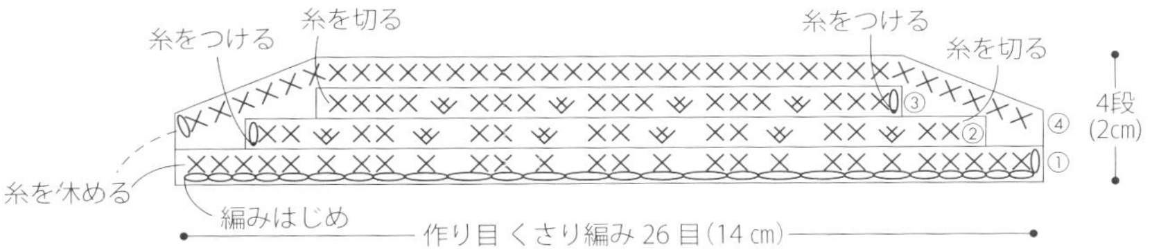

［ケープ・ひも］2本

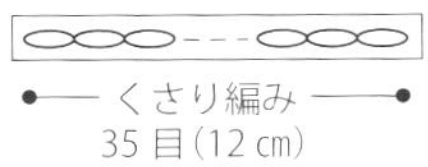

［ケープ・本体］

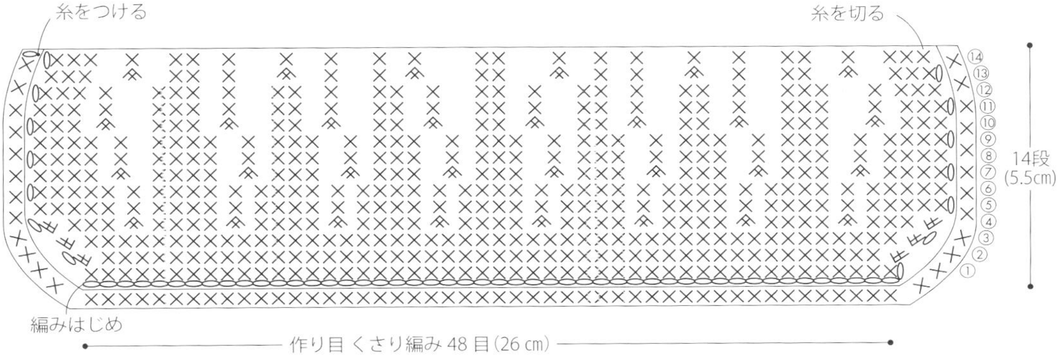

［ドレス］

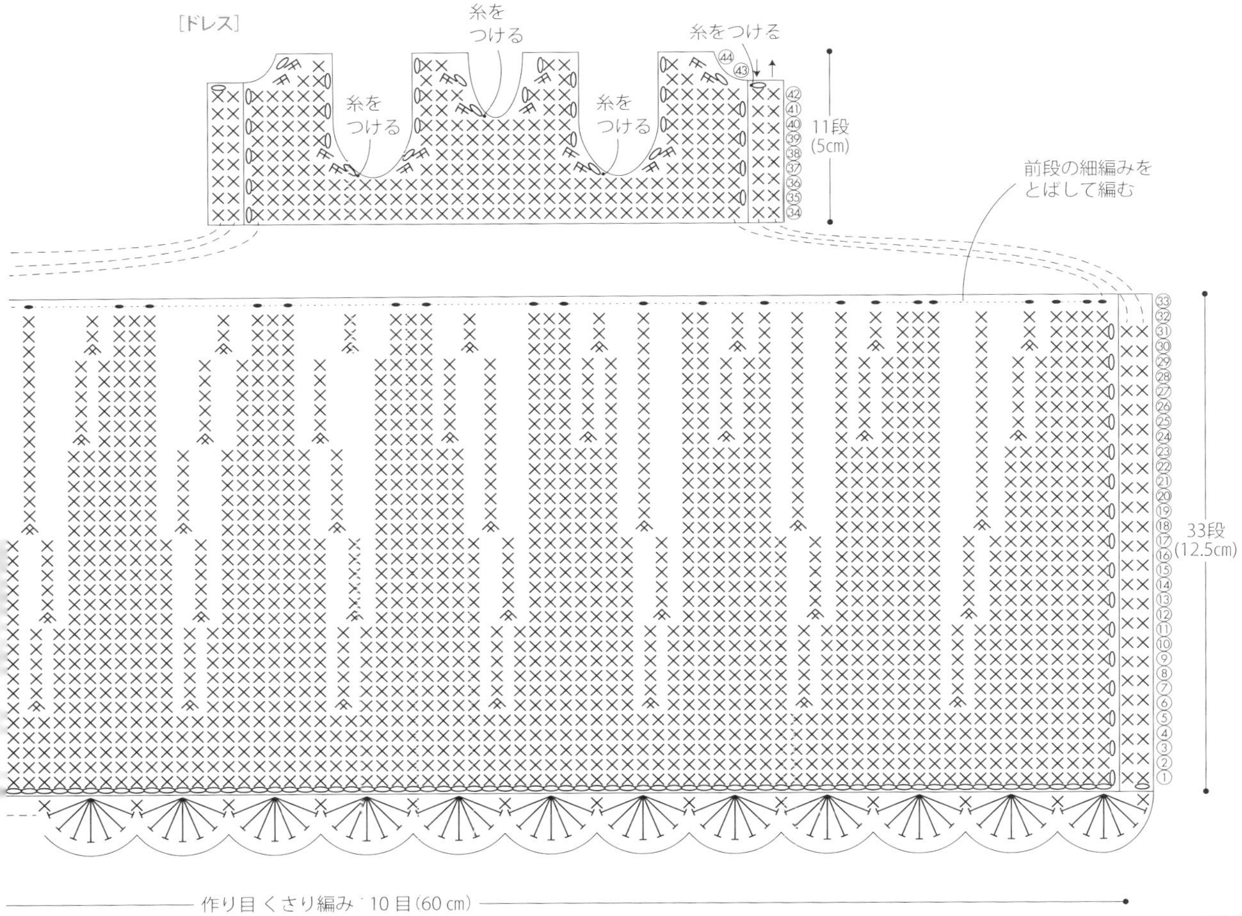

P.23 お姫さまになって…

ピンクのドレス&ティアラ

材料

[ドレス]
糸：ハマナカ わんぱくデニス
ピンク(5) 95g
パールビーズ(直径3㎜)：
ピンク 84個
サテンリボン(幅9㎜)：
ピンク 55㎝
マジックテープ：適量

[ティアラ]
糸：ハマナカ わんぱくデニス
白(1)5g
パールビーズ(直径3㎜)：7個
25番刺しゅう糸：ゴールド適量

針

かぎ針5/0号

ゲージ

細編み5㎝角
11目11段

作り方

[ドレス]

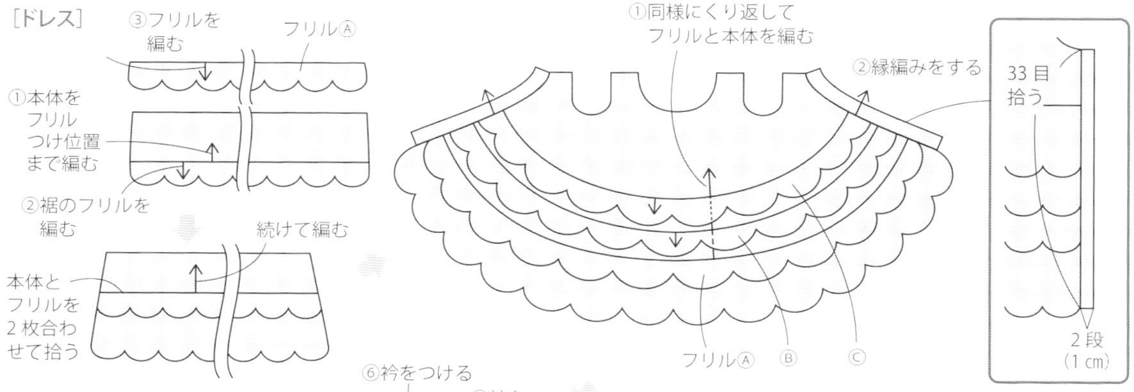

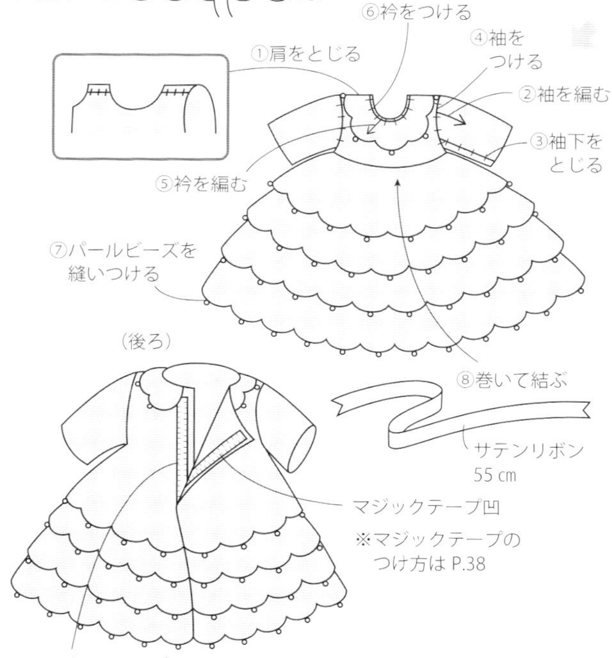

[ティアラ]

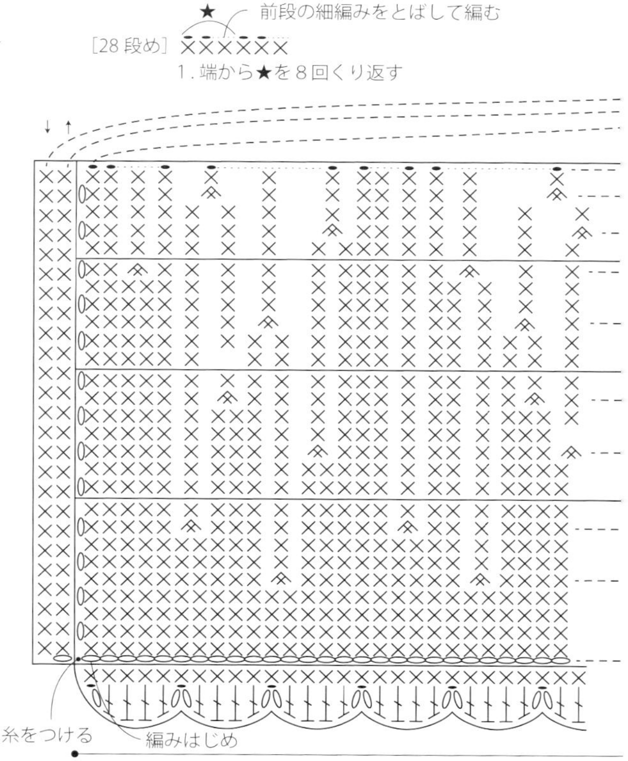

編み図

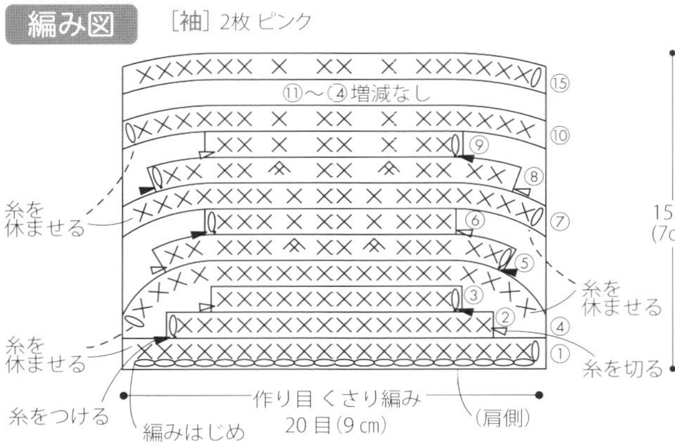

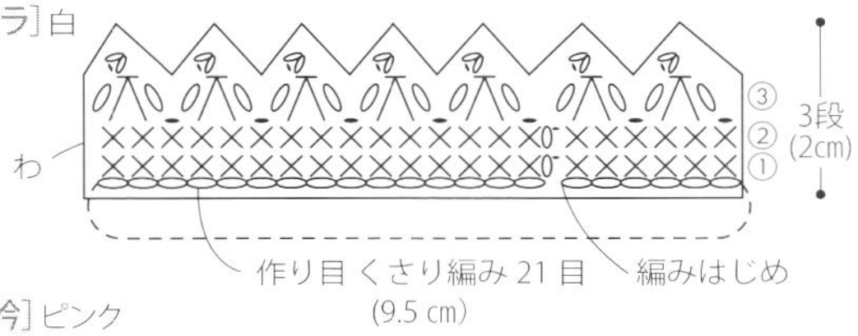

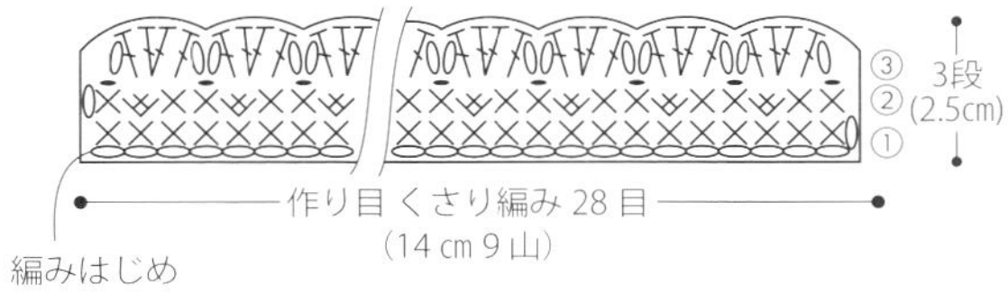

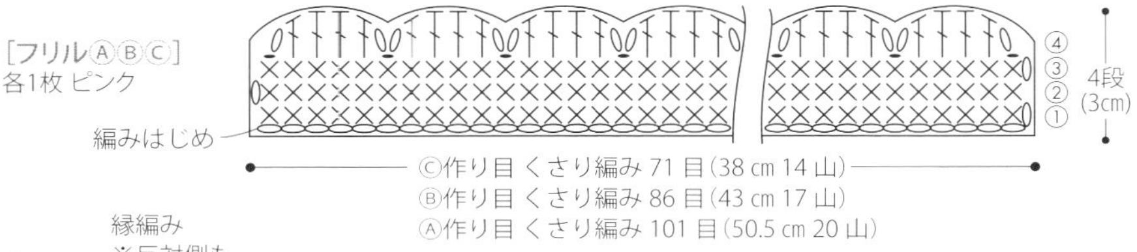

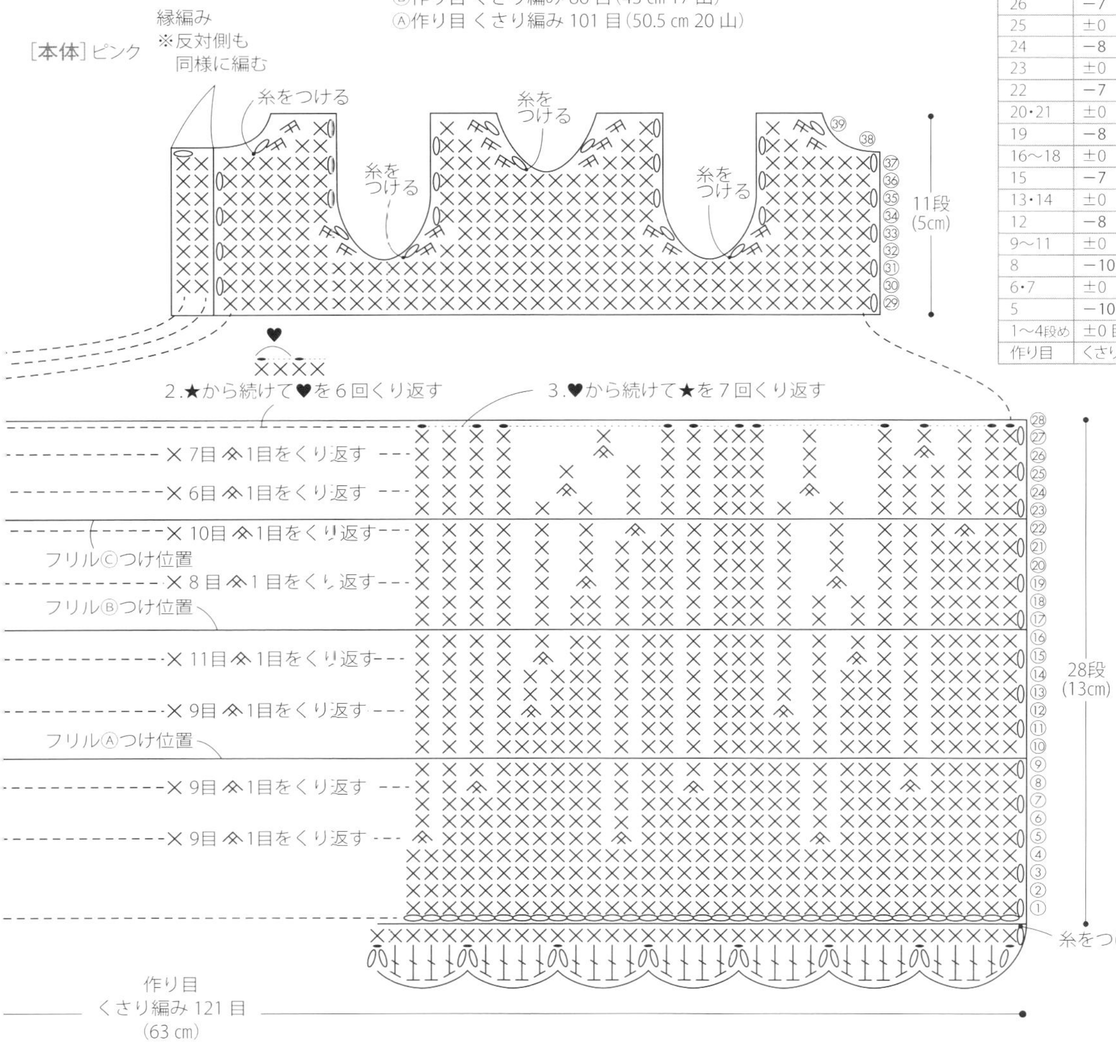

本体（スカート部分）の目の増減		
28	−20	→ 36
27	±0	→ 56
26	−7	→ 56
25	±0	→ 63
24	−8	→ 63
23	±0	→ 71
22	−7	→ 71
20・21	±0	→ 78
19	−8	→ 78
16〜18	±0	→ 86
15	−7	→ 86
13・14	±0	→ 93
12	−8	→ 93
9〜11	±0	→ 101
8	−10	→ 101
6・7	±0	→ 111
5	−10	→ 111
1〜4段め	±0目	→ 121目
作り目	くさり編み121目	

P.24 キュートなベビー服

ロンパース・靴下・ヘアバンド

材料

糸：ハマナカ ピッコロ
[ロンパース]
水色(12)/ピンク(4)各25g、白(1)各5g
マジックテープ：適量
[靴下]
水色(12)/ピンク(4)各10g、白(1)少々
[ヘアバンド]
水色(12)/ピンク(4)各5g

針

かぎ針4/0号

ゲージ

模様編み5㎝角16目7段
長編み5㎝角16目7段

作り方

[ロンパース(ピンク)]

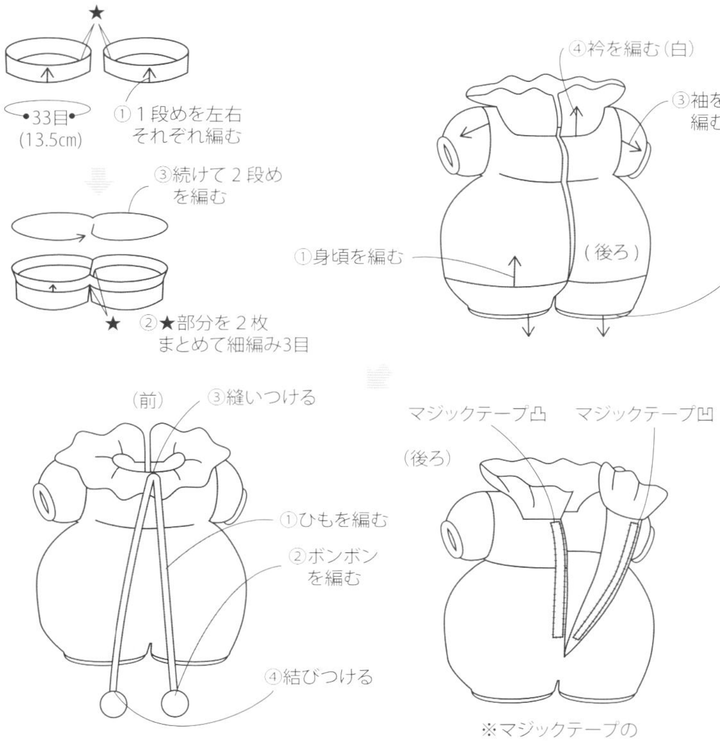

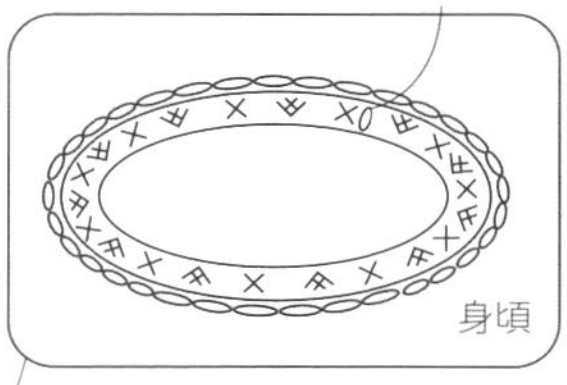

※マジックテープのつけ方は P.38

[靴下]

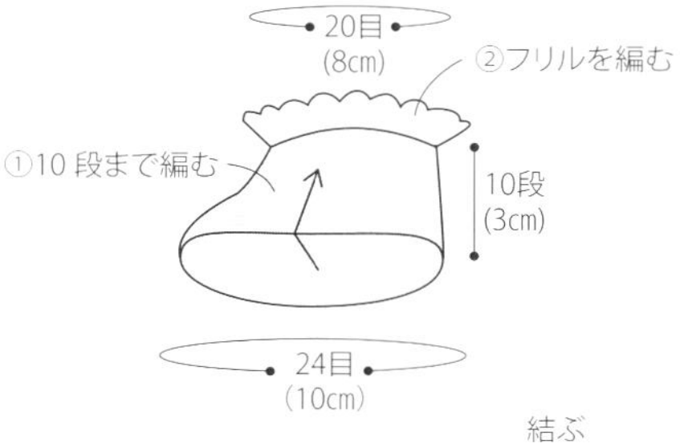

[リボン]

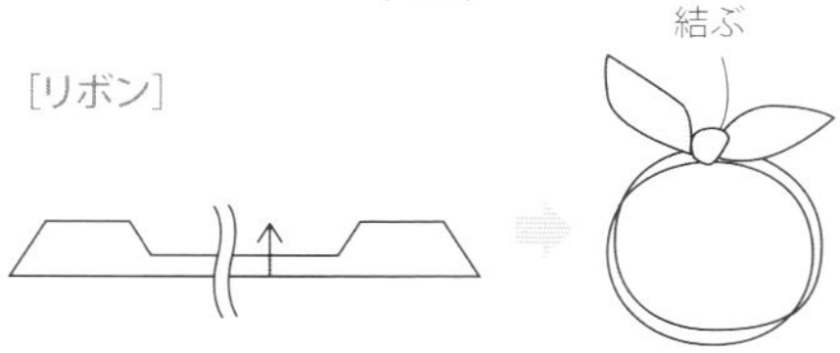

[ロンパース(ブルー)]

※編み図は P.68

※この他の作り方はロンパース(ピンク)と同じ

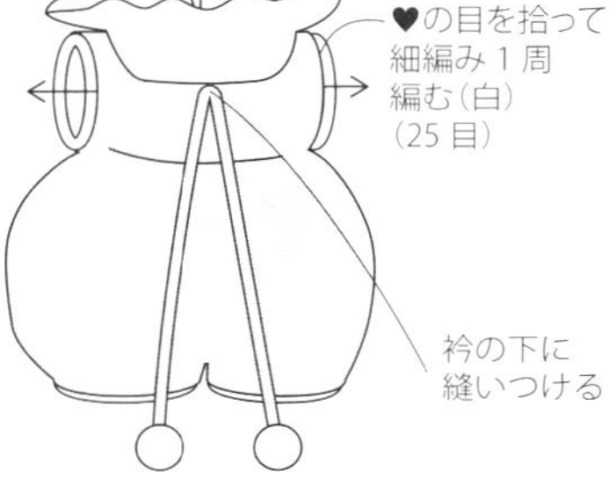

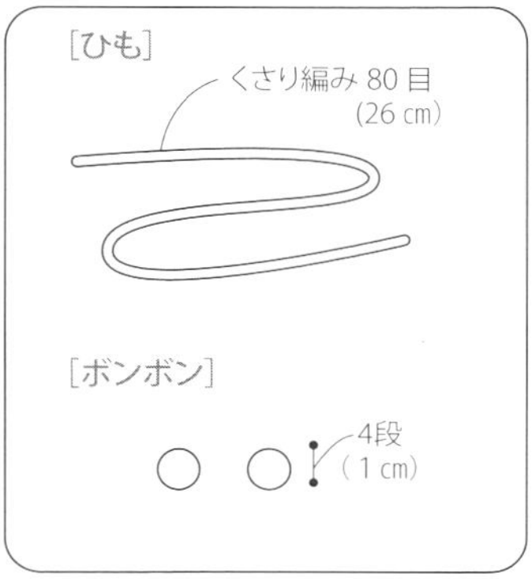

編み図

[ボンボン] 2枚 白

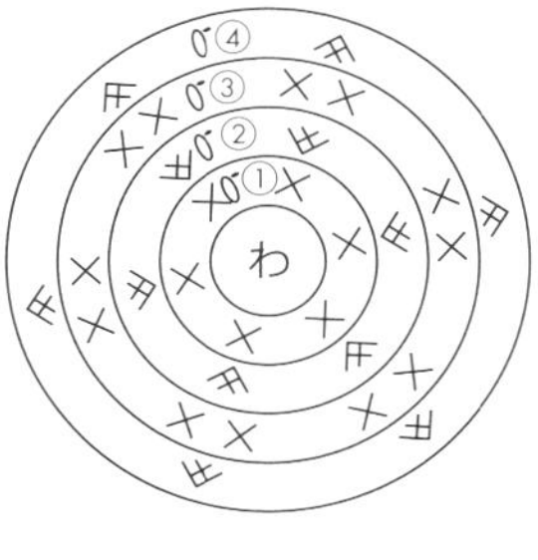

編み図

[ロンパース(ピンク)]　ピンク　白

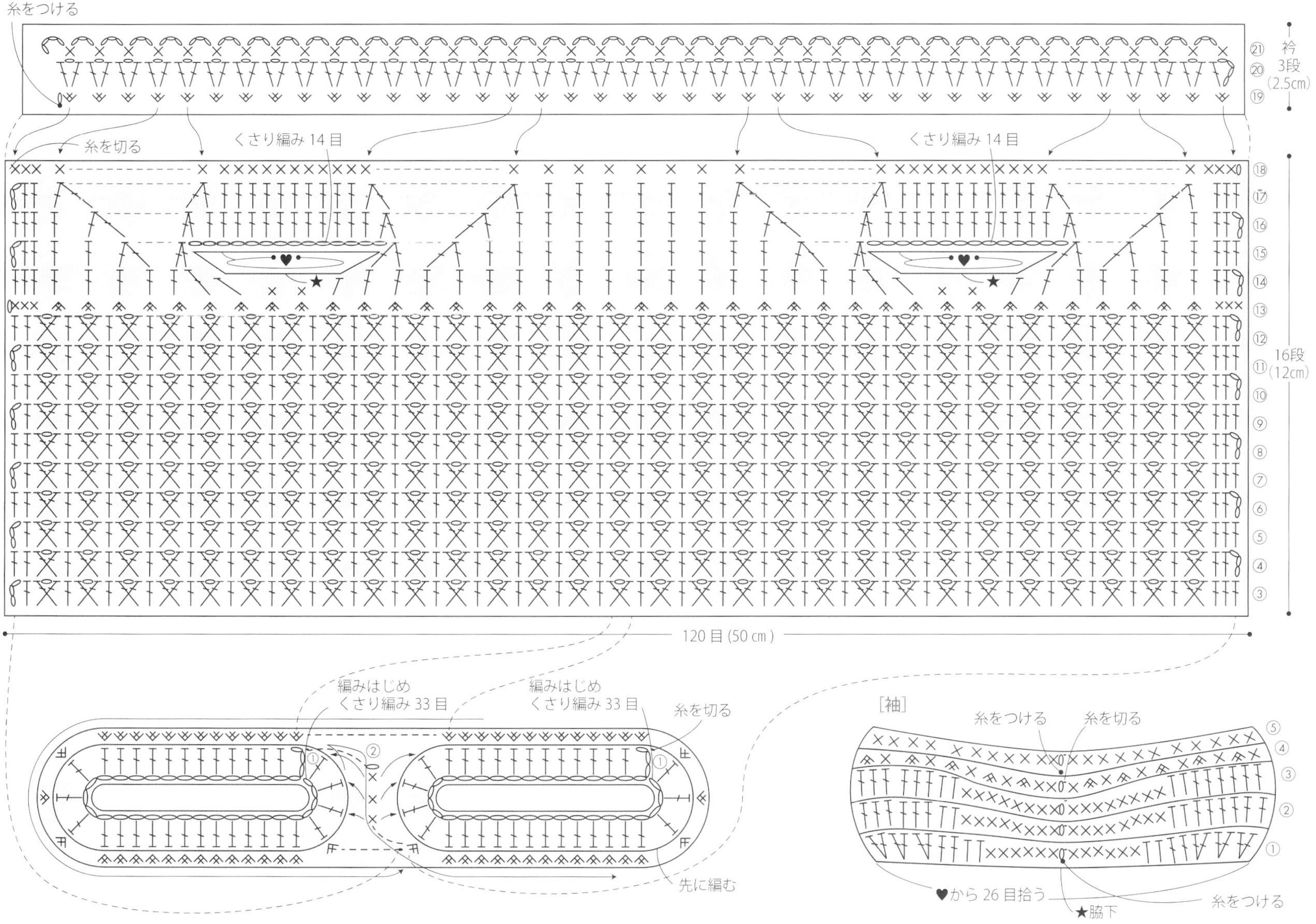

編み図

[ロンパース(ブルー)] □水色 □白

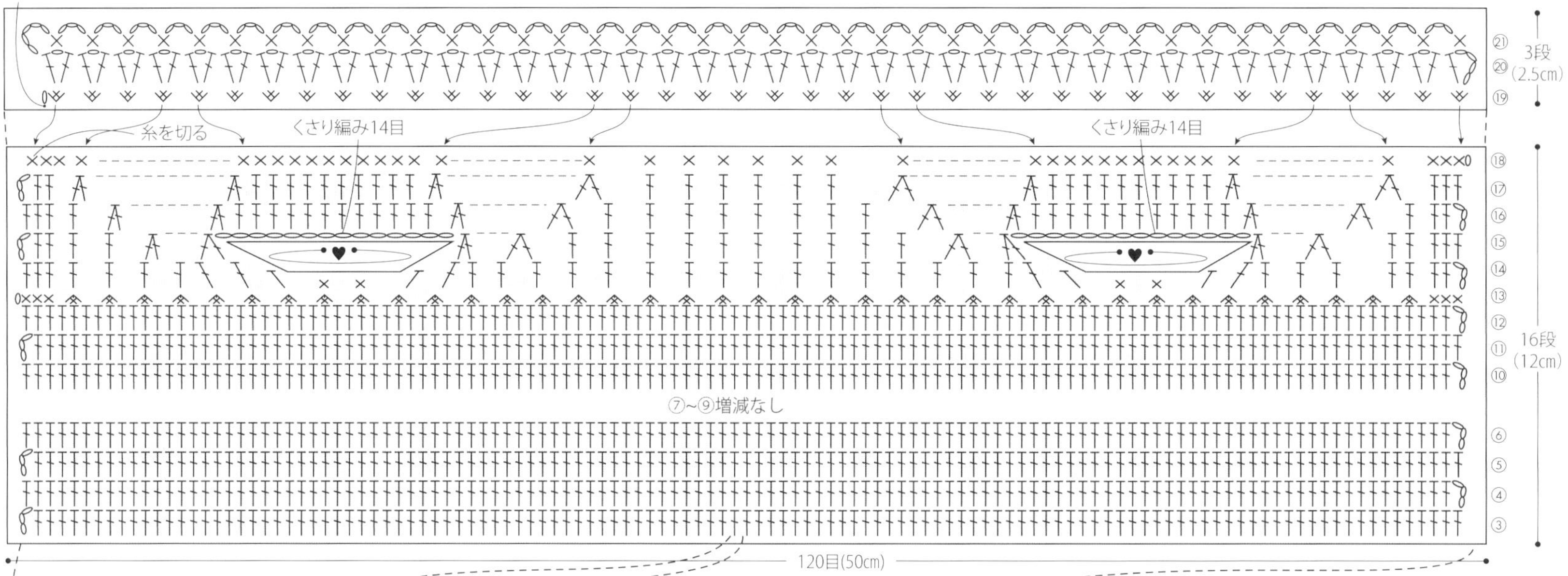

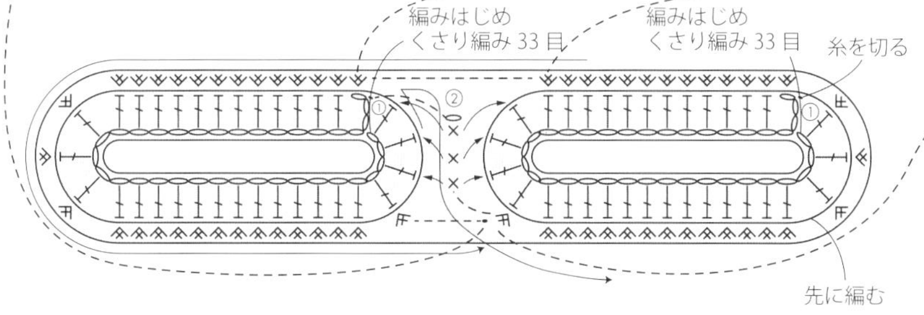

[靴下(共通)]
水色/ピンク
白

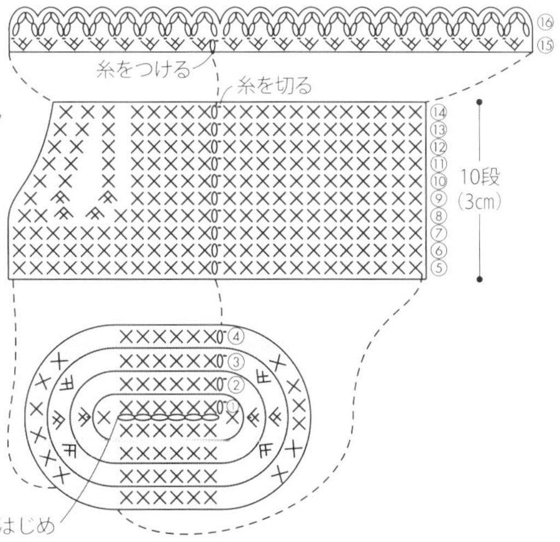

[ヘアバンド(共通)] 水色/ピンク

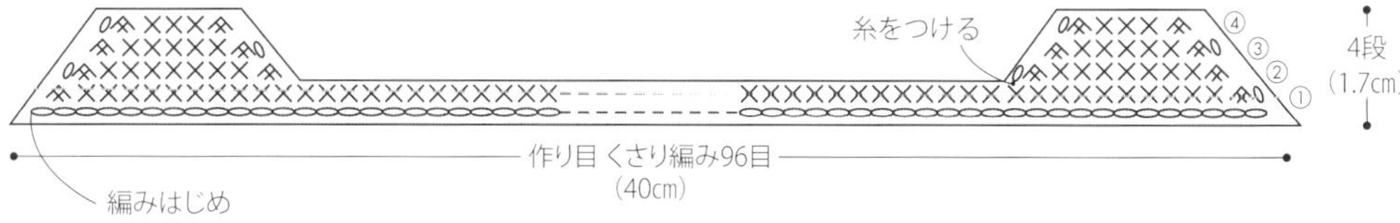

P.26 いつものメルちゃん＋ニットコーデ

旅行ウェア

材　料

[ケープ]
糸：ハマナカ アメリー
紺(17) 20g、白(51) 5g
[トランク]
糸：ハマナカ エコアンダリヤ
ベージュ(23) 20g

針

かぎ針5/0号
6/0号

ゲージ

細編み５㎝角
[ケープ] 10目10.5段
[トランク] 9.5目8.5段

コーディネート

ベレーぼうコーデ

作り方

[ケープ]

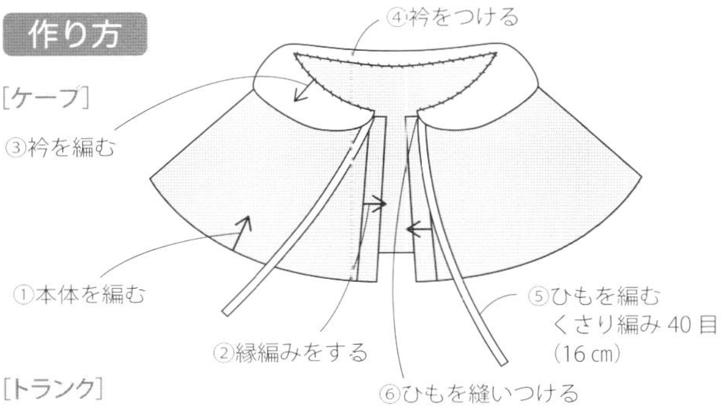

[トランク]

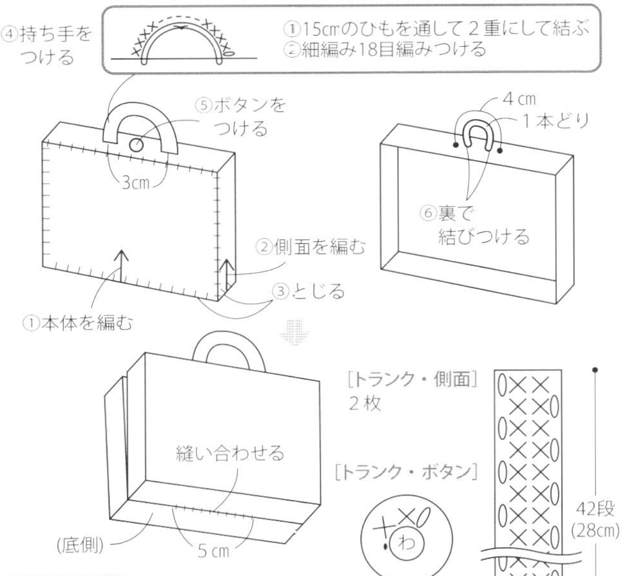

編み図

5/0 号　[トランク・本体] 2 枚

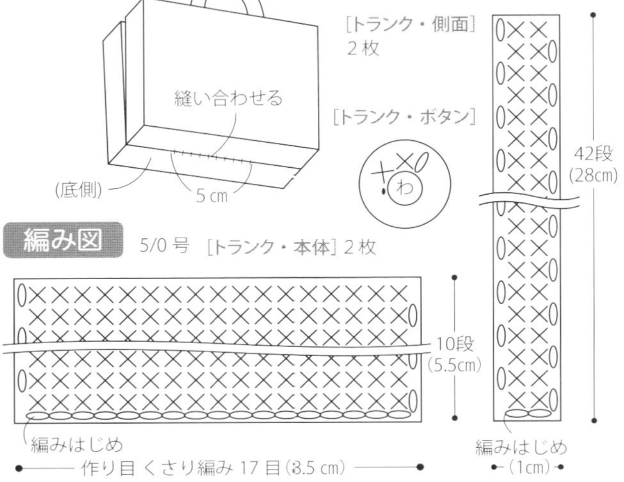

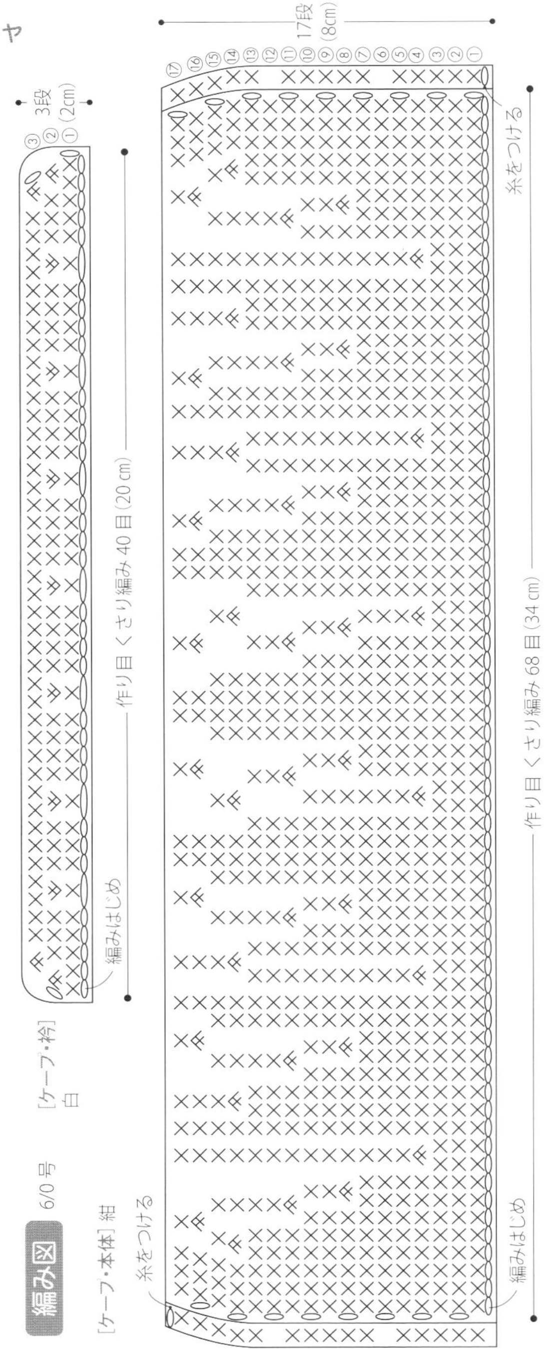

P.26 いつものメルちゃん＋ニットコーデ

通園セット（コート・ミトン）

材　料

［コート］
糸：ハマナカ アメリー
ターコイズブルー（11）25g
白（51）適量

［ミトン］
糸：ハマナカ アメリー
ピンク（7）5g

針

かぎ針6/0号

ゲージ

細編み５㎝角
10目12段

コーディネート　わくわくつうえんふく

作り方　［コート］

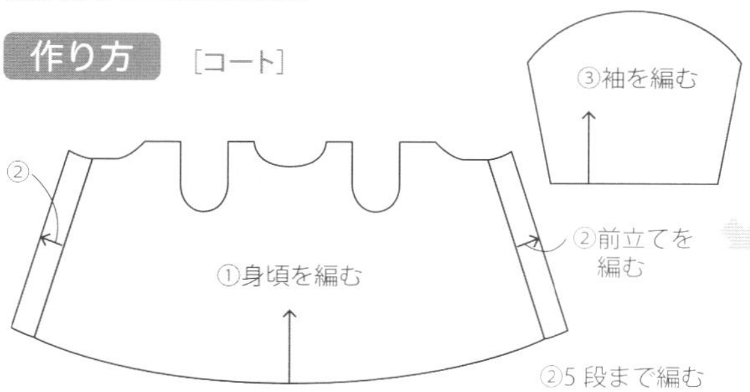

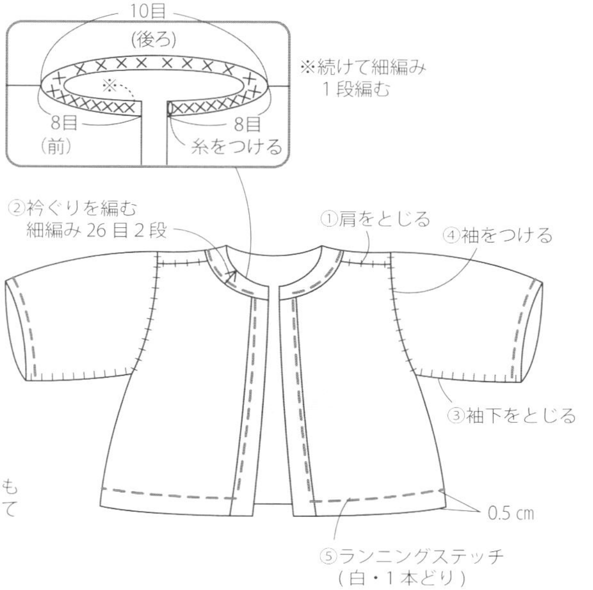

［ミトン］

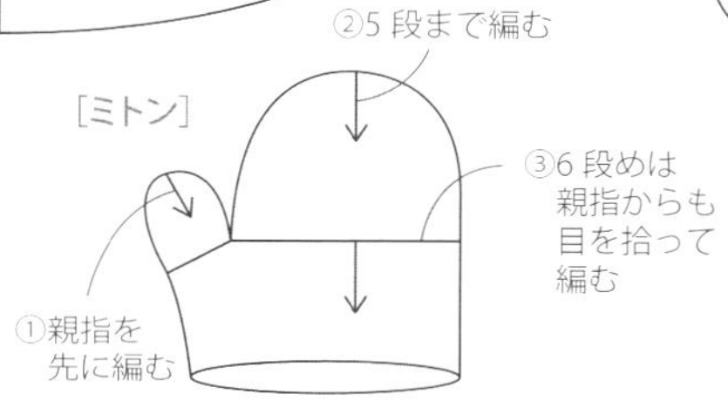

P.22 お姫さまになって…

ゴールドのリボン

材　料

25番刺しゅう糸：ゴールド適量

針

かぎ針5/0号

作り方

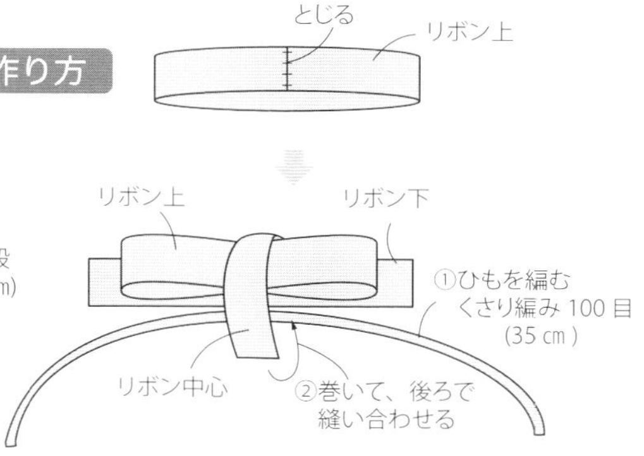

編み図

＊２本どりで編む

［リボン中心］

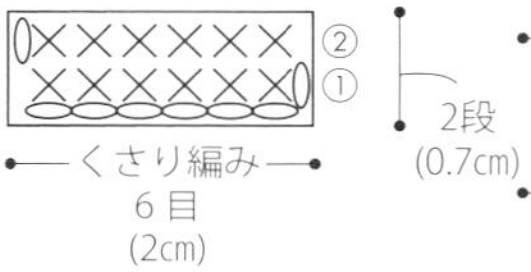

［リボン上・下］

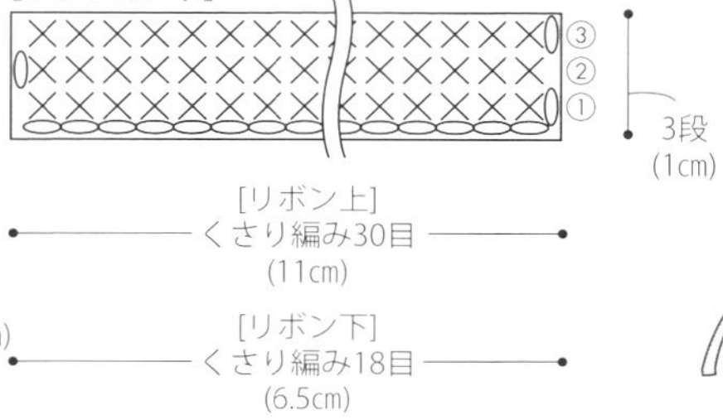

編み図

[**コート・本体**] ターコイズブルー

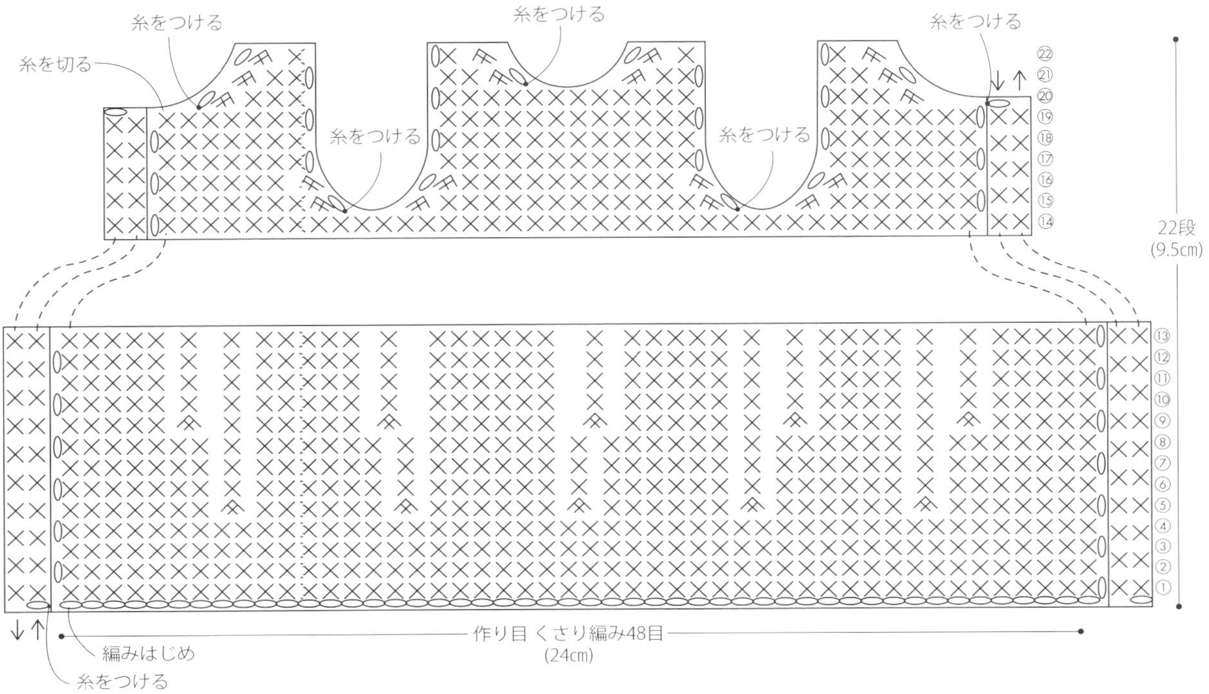

[**コート・袖**] 2枚　ターコイズブルー

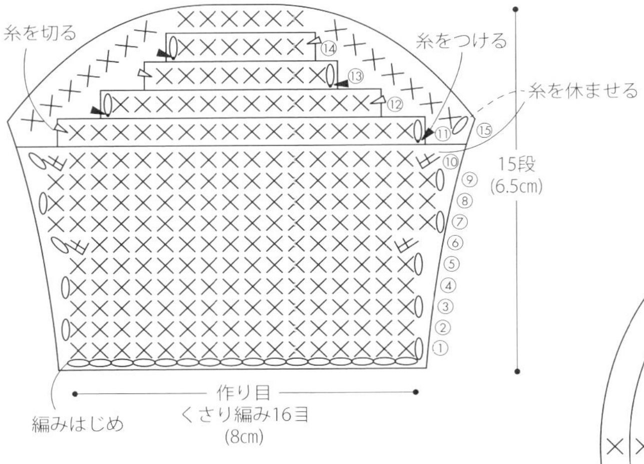

[**ミトン**] 2枚　ピンク

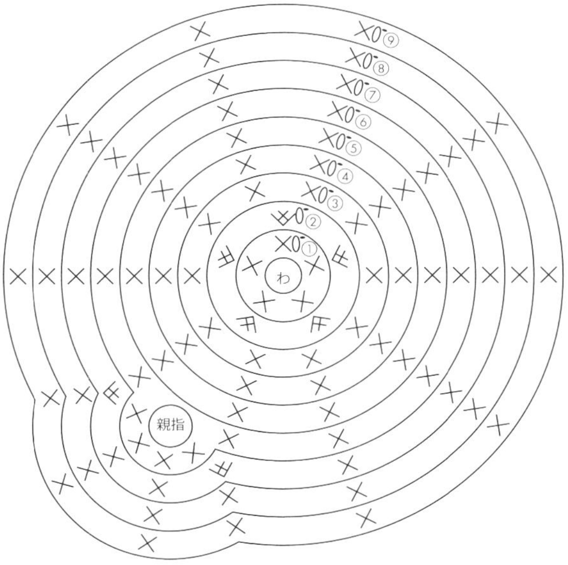

[**親指**] 2枚　ピンク

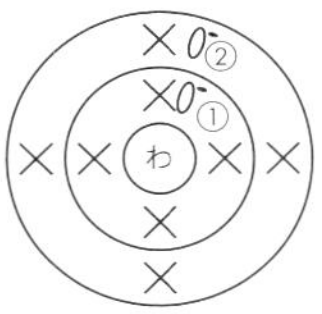

P.26 いつものメルちゃん+ニットコーデ

通園セット（マフラー）

材　料

糸：ハマナカ アメリー
白(51) 5g、グレー(22) 5g

針

かぎ針6/0号

ゲージ

細編み5㎝角
10目11段

コーディネート

わくわくつうえんふく

作り方

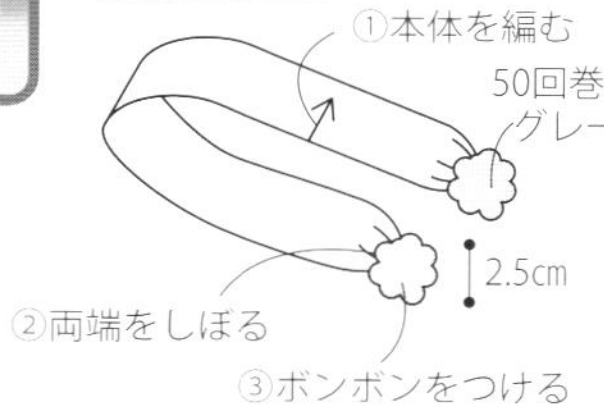

＊ボンボンの作り方はP.74

編み図

［マフラー・本体］白

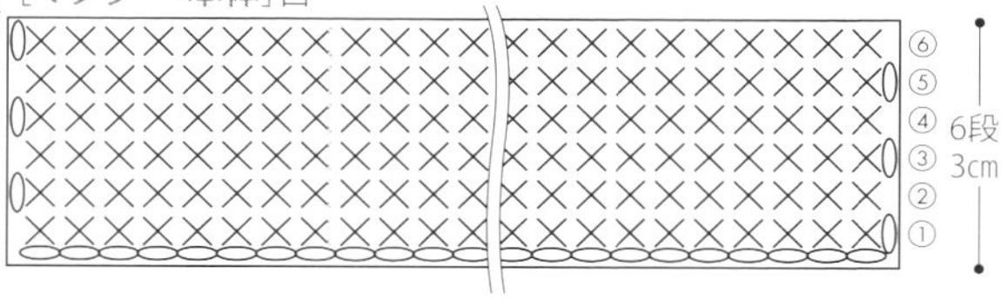

P.27 いつものメルちゃん+ニットコーデ

着物のショール・巾着

材　料

［ショール］
糸：ハマナカ ルーポ
白（1）15g

［巾着］
糸：ハマナカ ピッコロ
濃いピンク（5）10g

針

［ショール］
かぎ針10/0号
［巾着］
かぎ針4/0号

ゲージ

［ショール］
細編み５㎝角
７目５段
［巾着］
細編み５㎝角
10目13段

コーディネート

きものセット

作り方

［ショール］

［巾着］

編み図

［ショール］白

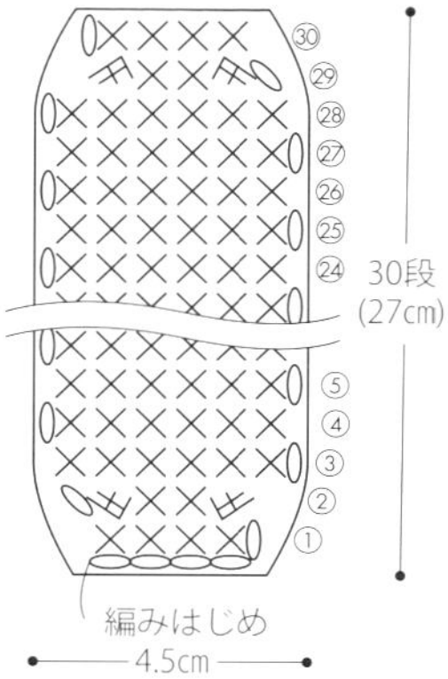

［巾着・持ち手］濃いピンク

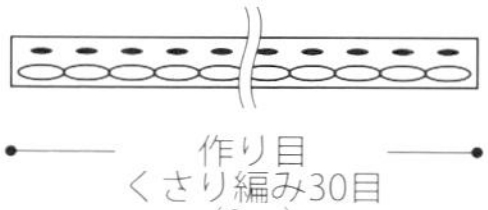

［巾着・本体］濃いピンク

■:ひも通し位置

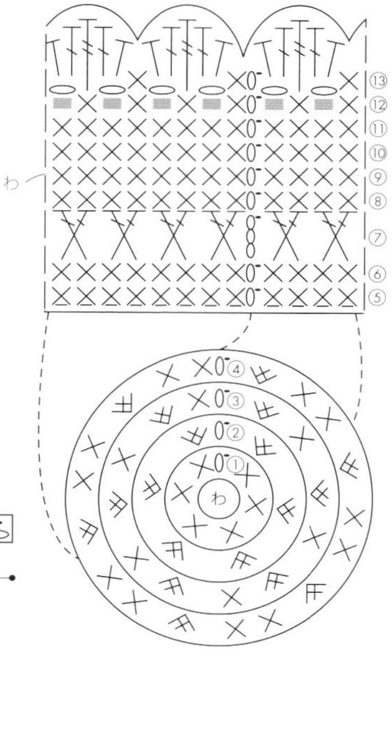

P.28 いつものメルちゃん+ニットコーデ

くまさん・うさぎさん

材料

[くまさん]
糸:ハマナカ ピッコロ
薄茶(38) 5g、紫(31)・ピンク(5)・こげ茶(17)各適量
手芸綿:適量

[うさぎさん]
糸:ハマナカ ピッコロ
白(1) 5g、赤(6)・こげ茶(17)・薄ピンク(4)各適量
手芸綿:適量

針

かぎ針4/0号

作り方

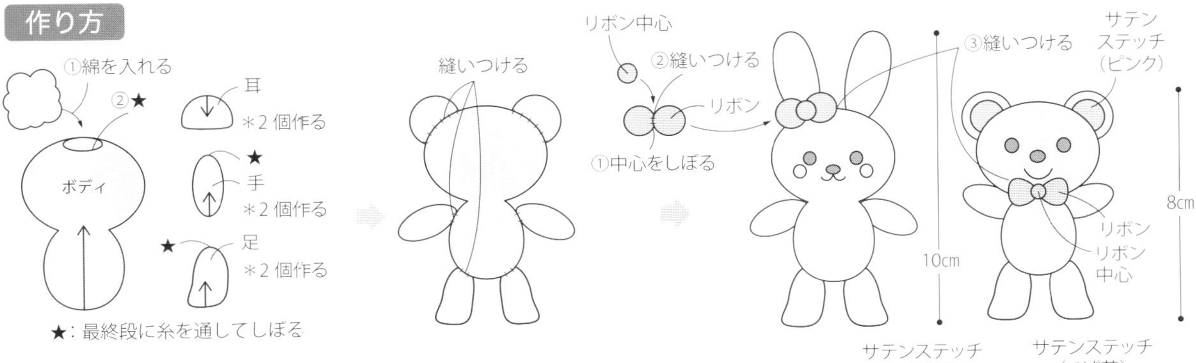

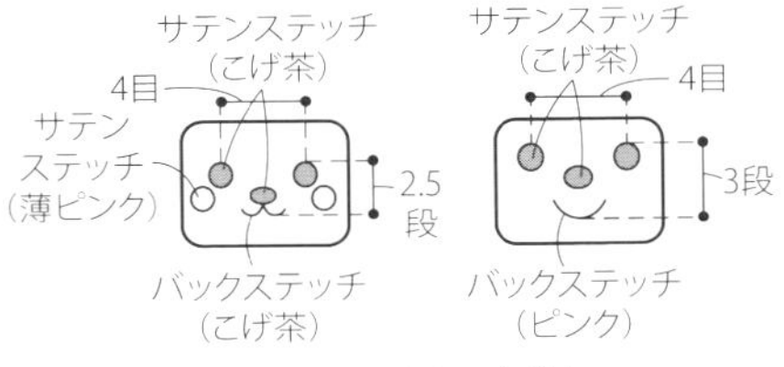

編み図

[ボディ(共通)] くまさん:薄茶 うさぎさん:白

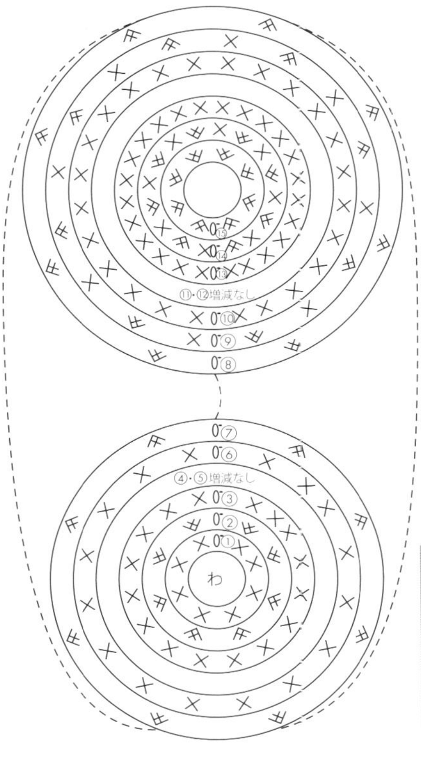

[足(共通)] 2枚 くまさん:薄茶 うさぎさん:白

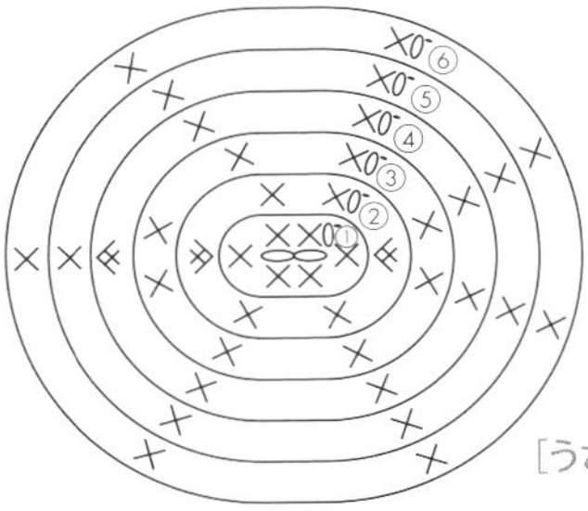

[手(共通)] 2枚 くまさん:薄茶 うさぎさん:白

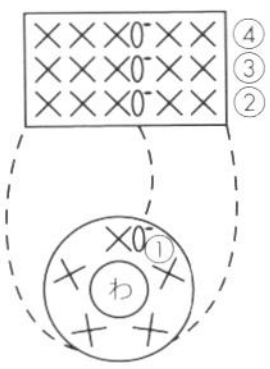

[うさぎさん・耳] 2枚 白

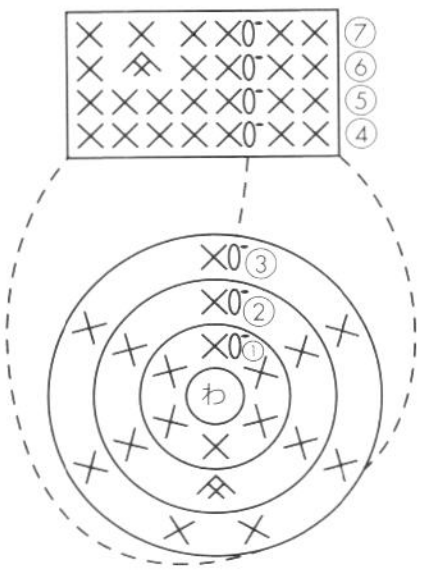

[くまさん・耳] 2枚 薄茶

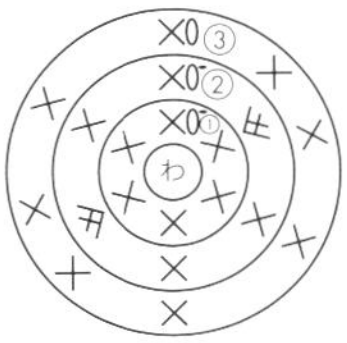

ボディの目の増減の仕方		
15	−8	→ 8
14	−8	→ 16
10〜13	±0	→ 24
9	+8	→ 24
8	+8	→ 16
7	−8	→ 8
3〜6	±0	→ 16
2	+8目	→ 16
1段め	わの中に細編み8目	

[くまさん・リボン] 紫

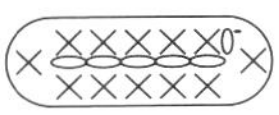

[うさぎさん・リボン] 赤

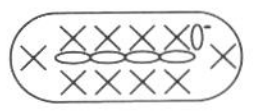

[くまさん・リボン中心] 紫

[うさぎさん・リボン中心] 赤

P.29 いつものメルちゃん+ニットコーデ

パープルのベスト

材料

糸：ハマナカ わんぱくデニス
紫(49) 15g、白(1) 5g

針

かぎ針5/0号

ゲージ

細編み5㎝角
9目10段

コーディネート おでかけパーカーセット

作り方

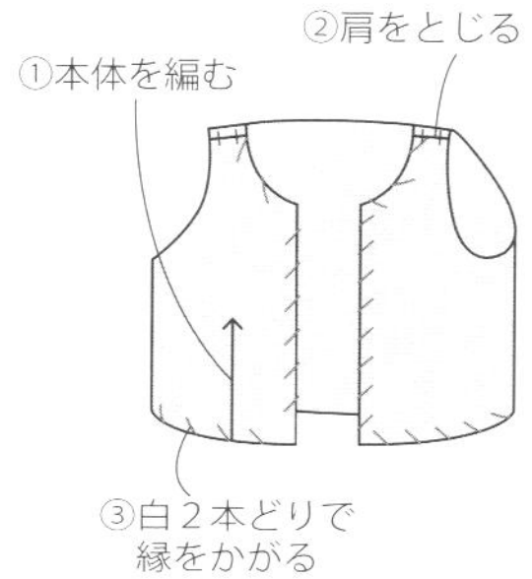

編み図

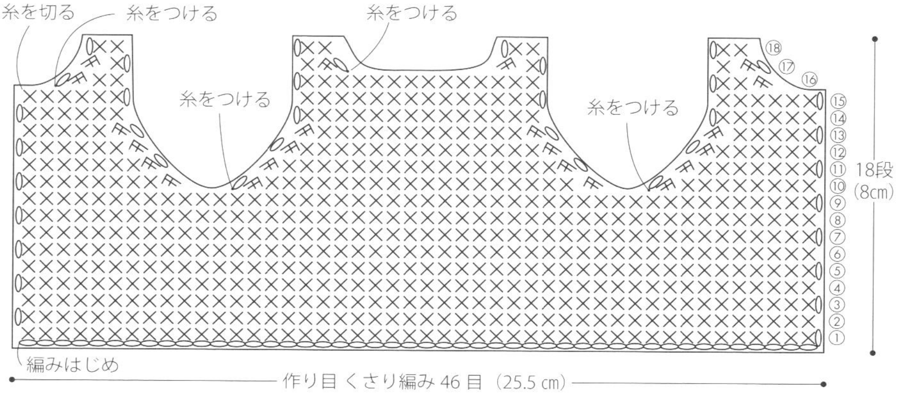

P.30 おそろい帽子

ピンクの帽子

材料

糸：ハマナカ アメリー
ピンク(32) 60g、
白（51）40g

針

棒針(４本針)12号

ゲージ

メリヤス編み５㎝角
７目10.5段

作り方

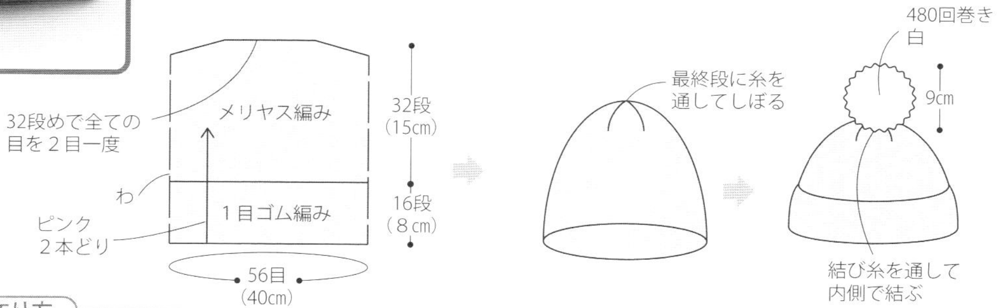

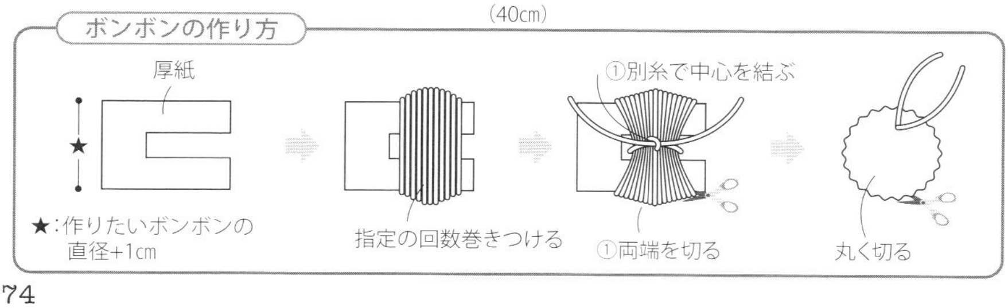

P.31 おそろい帽子

赤の帽子

材料

糸：ハマナカ アメリー
赤(5) 40g
白(51) 10g

針

かぎ針8/0号

ゲージ

長編み5cm角
6.5目3.5段

編み図 赤・2本どり

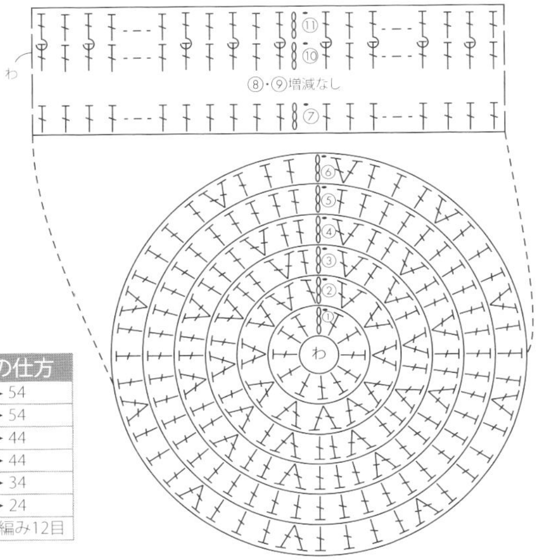

作り方

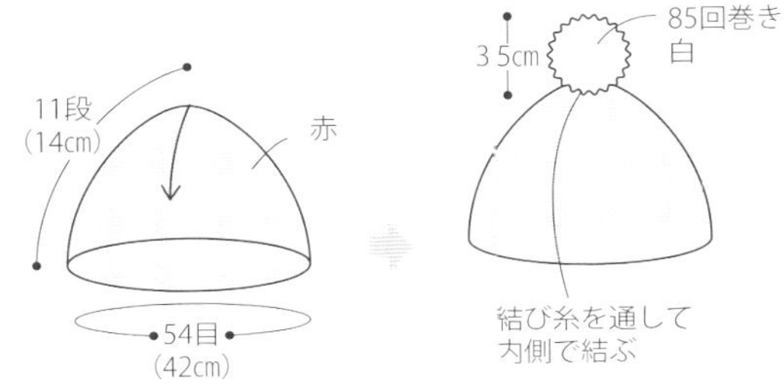

＊ボンボンの作り方はP.74

帽子の目の増減の仕方		
7〜11	±0	→ 54
6	+10	→ 54
5	±0	→ 44
4	+10	→ 44
3	+10	→ 34
2	+12	→ 24
1段め	わの中に長編み12目	

P.31 おそろい帽子

グレーの帽子

材料

糸：ハマナカ アメリー
グレー(22) 35g

針

かぎ針6/0号

ゲージ

長編み5cm角
9.5目 5 段

編み図

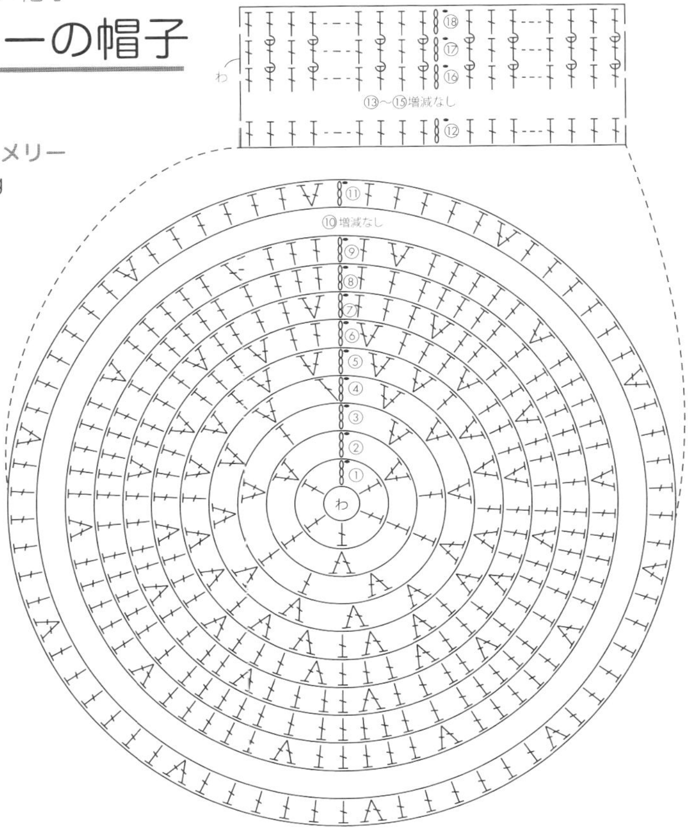

作り方

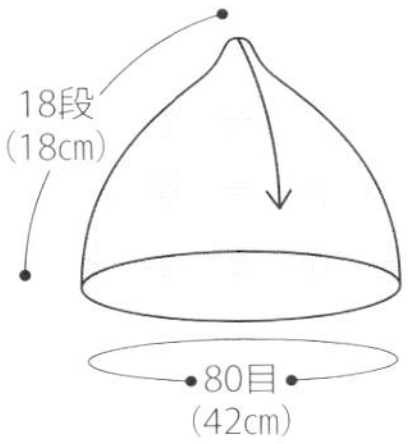

帽子の目の増減の仕方		
12〜18	±0	→ 80
11	+10	→ 80
10	±0	→ 70
9	+10	→ 70
8	±0	→ 60
7	+10	→ 60
6	+10	→ 50
5	+16	→ 40
4	+12	→ 24
3	+3	→ 12
2	+3目	→ 9
1段め	わの中に長編み6目	

かぎ針編みの基礎

この本で使われている編み目記号

くさり編み

①針に糸をかけます。

②そのまま引き抜きます。くさり編みが１目編めました。

引き抜き編み

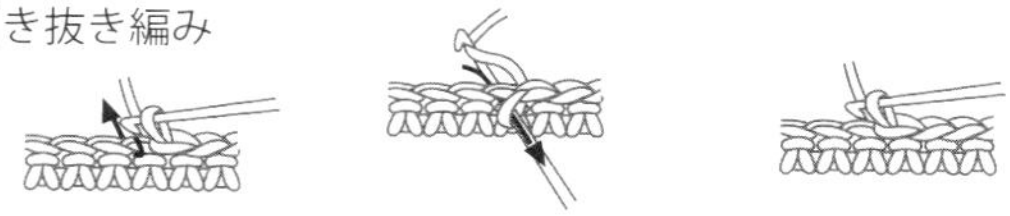

①針を入れます。

②針に糸をかけ、一度に引き抜きます。

③引き抜き編み１目が編めました。

細編み

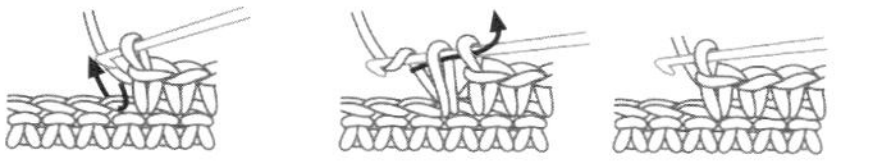

①前段の目に針を入れます。

②針に糸をかけ、引き抜き、もう一度針に糸をかけます。

③一度に引き抜きます。細編みが１目編めました。

細編み２目編み入れる

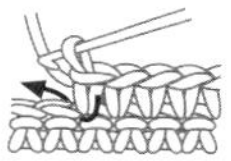

①細編みを１目編みます。

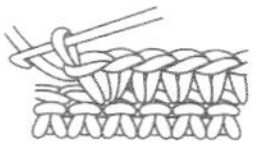

②同じ目に細編みをもう１目編みます。

細編み３目編み入れる

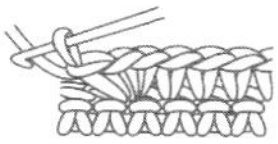

細編み２目編み入れると同様に編み、同じ目にさらに１目細編みを編みます。

中長編み

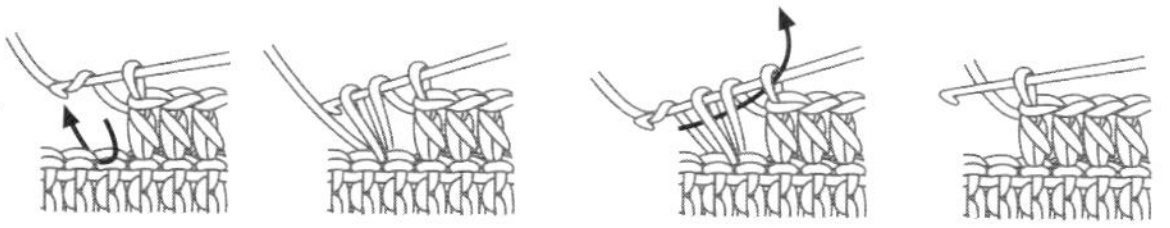

①針に糸をかけ、前段の目に針を入れます。

②針に糸をかけ、引き抜きます。

③針に糸をかけます。

④一度に引き抜き、中長編み１目が編めました。

中長編み２目編み入れる

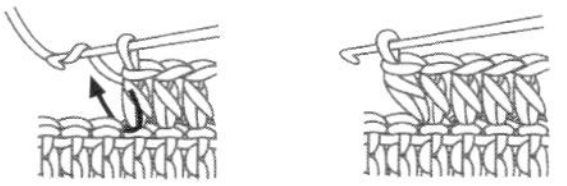

①中長編みを１目編みます。

②同じ目に中長編みをもう１目編みます。

長編み

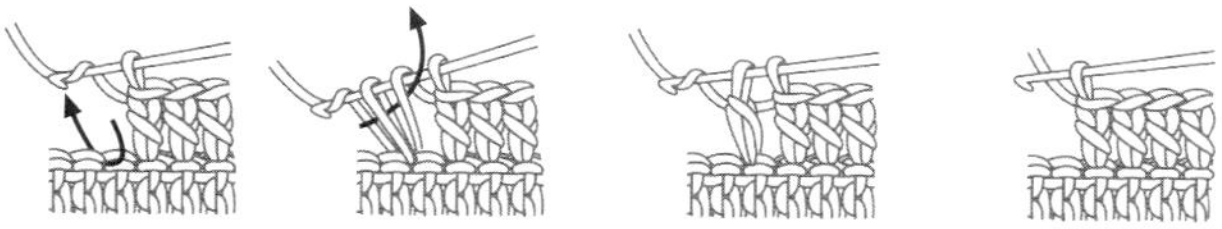

①針に糸をかけ、前段の目に針を入れます。

②針に糸をかけ、引き抜き、もう一度針に糸をかけます。

③２目引き抜き、針に糸をかけます。

④一度に引き抜き、長編み１目が編めました。

長編み２目編み入れる

①長編みを１目編みます。

②同じ目に長編みをもう一度編みます。

長々編み

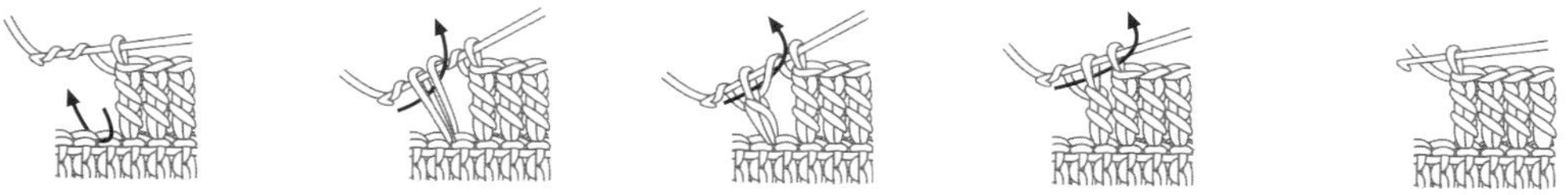

①針に糸を２回かけ、前段の目に針を入れます。

②針に糸をかけ、引き抜き、針に糸をかけます。

③２目引き抜き、針に糸をかけます。

④もう一度２目引き抜き、針に糸をかけます。

⑤一度に引き抜き、長々編みが１目編めました。

細編み
２目一度

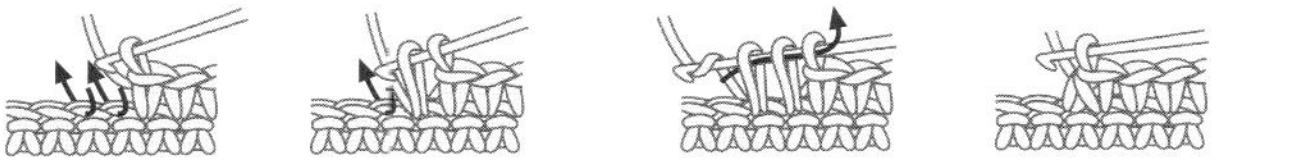

前段の２目から目を拾って一度に編むことをいいます。

①次の目に針を入れ、糸をかけ、引き抜きます。

②その次の目に針を入れ、糸をかけ、もう一度針に糸をかけます。

③一度に引き抜き、細編み２目一度が編めました。

細編み
３目一度

①細編み２目一度の②まで編み、さらに次の目から糸を引き抜き、糸をかけます。

②一度に引き抜き、細編み３目一度が編めました。

中長編み
２目一度

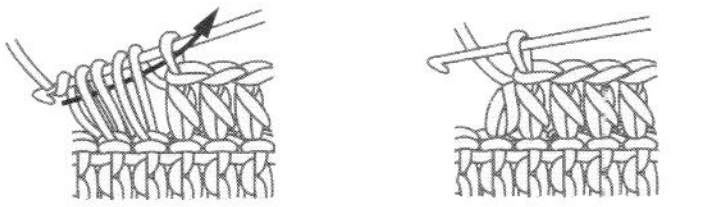

①中長編みを最後の引き抜きの手前まで２目編み、糸をかけます。

②一度に引き抜き、中長編み２目一度が編めました。

細編み
表引き上げ
編み

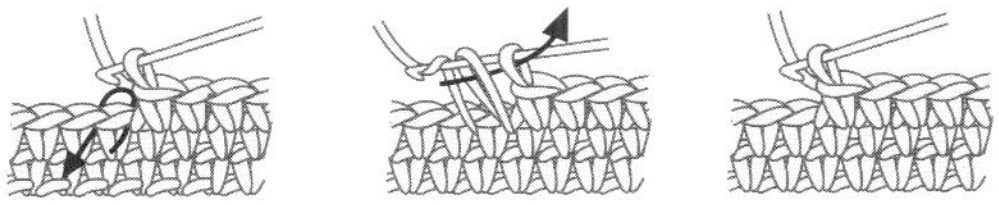

①前段の細編みの足に表側から➡のように針を入れます。

②針に糸をかけ、引き抜き、もう一度針に糸をかけます。

③一度に引き抜き、細編みの表引き上げ編み１目が編めました。

長編み
表引き上げ編み

長編みも前の段の足に表側から針を横に入れます。

長編み
２目一度

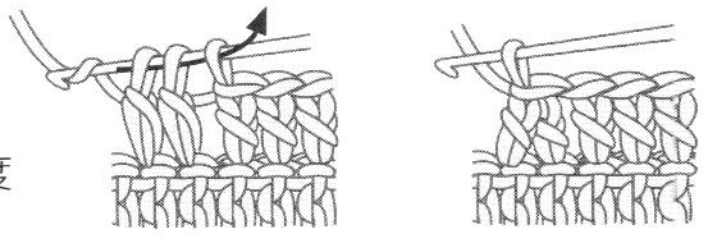

①長編みを最後の引き抜きの手前まで２目編み、糸をかけます。

②一度に引き抜き、長編み２目一斐が編めました。

細編みの
リング編み

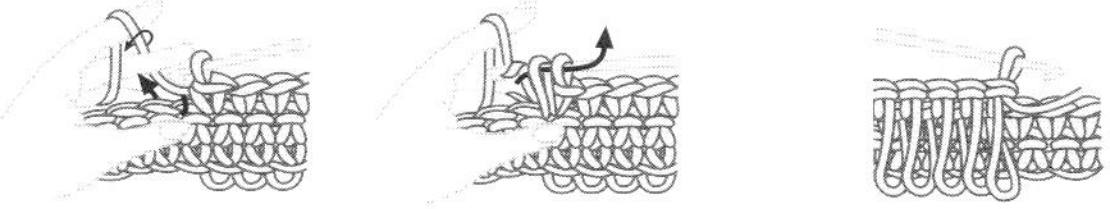

①目に針を入れ、糸の上に中指をのせ、針に糸をかけます。

②①を引き抜き、もう一度針に糸をかけます。

③一度に引き抜き、リング編みが編めました。
（裏にリングができます）

長編み
３目玉編み

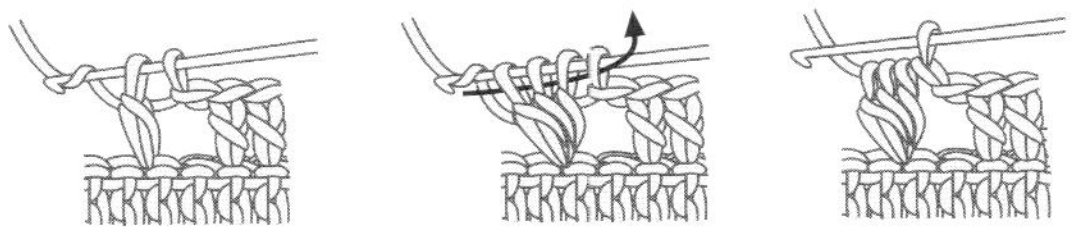

①長編みの最後の引き抜きの手前まで編みます。

②同じ目に①を２回くり返し、針に糸をかけます。

③一度に引き抜き、長編み３目の玉編みが編めました。

細編みの
すじ編み

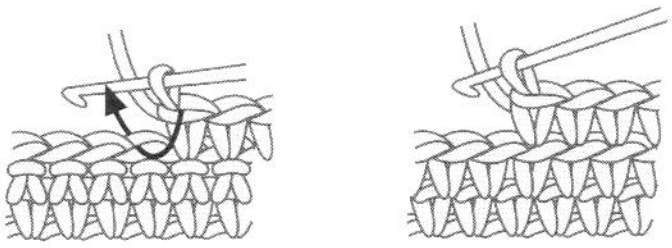

①前段の向こう側の目を１本すくうように針を入れます。

②細編みをします。細編みのすじ編みが編めました。

長編み
１目交差

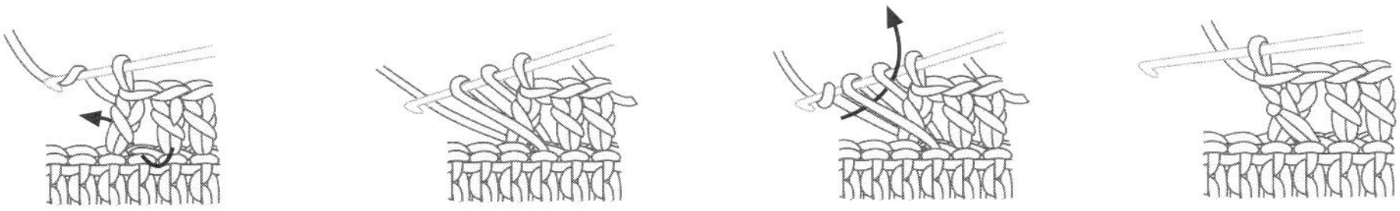

①ひとつ先の目に長編みを編み、針に糸をかけます。

②ひとつ手前の目に針を入れ、①の向こうで糸をかけ、引き抜きます。

③針に糸をかけます。

④長編みを編みます。長編み１目交差が編めました。

この本で使われている刺しゅう

[フレンチナッツステッチ]　[バックステッチ]　[ランニングステッチ]　[サテンステッチ]　[ストレートステッチ]　[チェーンステッチ]

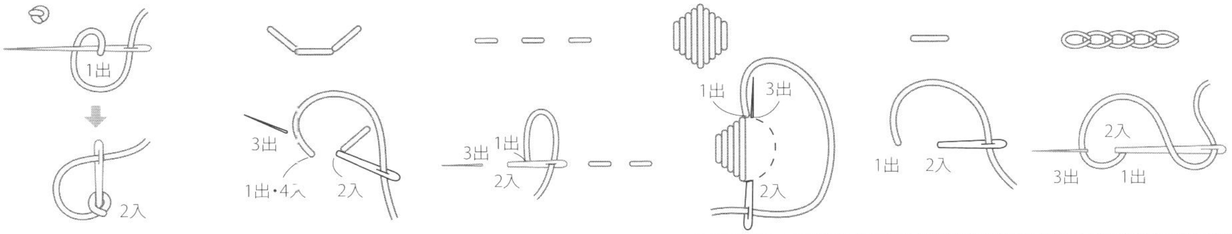

棒針編みの基礎

メリヤス編み・・・表から編む段は表目を編み、裏から編む段は裏目を編みます。

1目ゴム編み・・・表目と裏目を縦に1目ずつ交互に編みます。

この本で使われている編み方

作り目
（指でかける作り目）

1
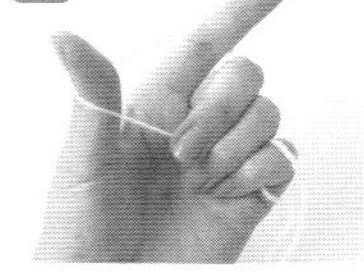
糸を写真のように持ちます。

2
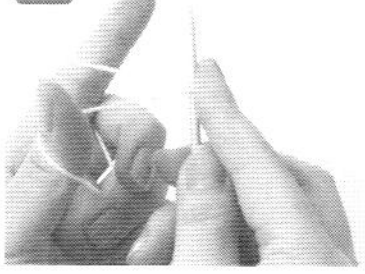
右手の針に糸をかけます。

3
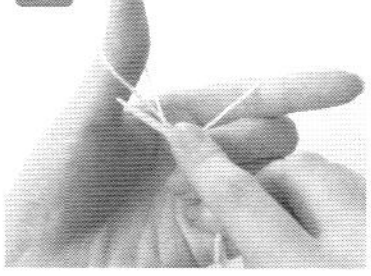
親指の手前の糸を下からすくうように針を入れます。

4
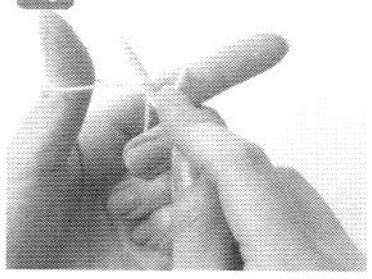
親指の糸2本の間から針を出します。

5
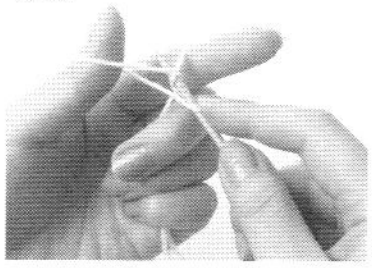
人さし指の手前の糸に向こう側から針を入れます。

6
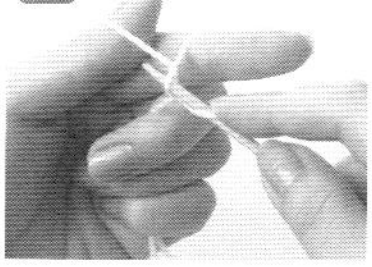
親指の糸2本の間から針を出します。

7
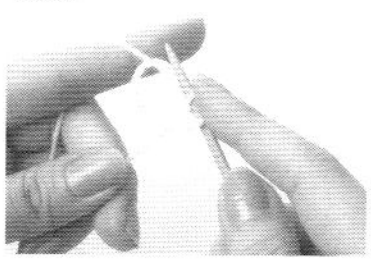
左手の親指の糸をはずします。

8
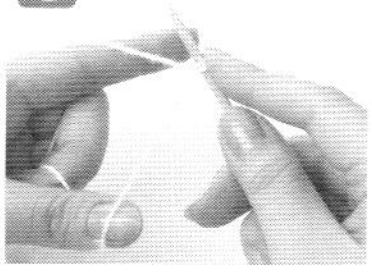
左手の親指で糸を引っ張り、糸を引き締めます。
＊作り目が1目できました。

9

3～8を指定の目数くり返します。
＊棒針編みの作り目は1段めになります。

表目
|

1

針を端の目の手前から入れます。

2
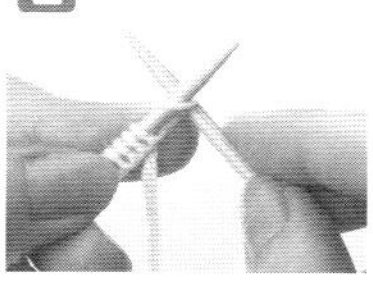
向こう側へ出します。

3
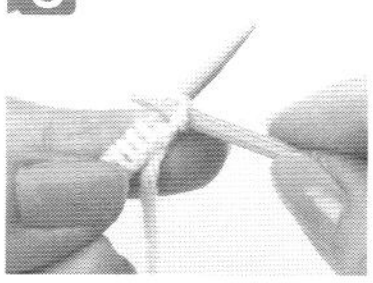
針に糸をかけます。

4
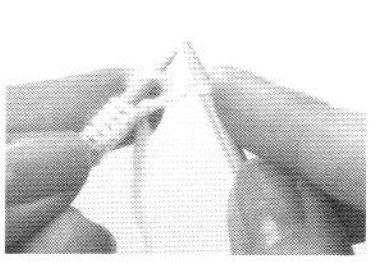
そのまま糸を引き出します。

5
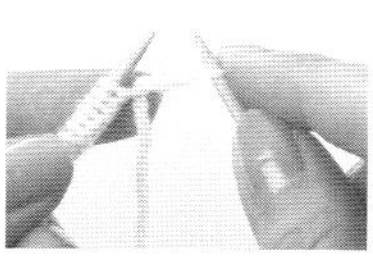
左の針から1目はずします。
＊表編みが1目編めました。

裏目
ー

1
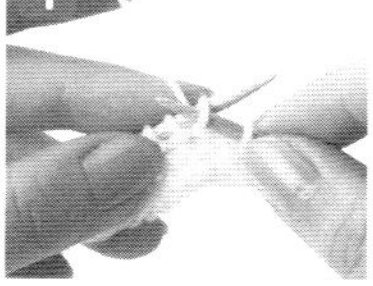
針を手前に入れます。

2
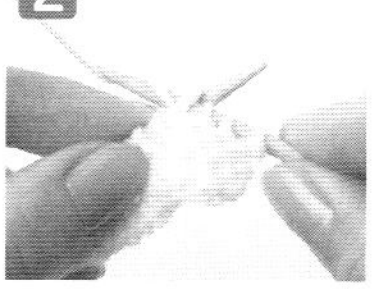
針に糸をかけます。

3
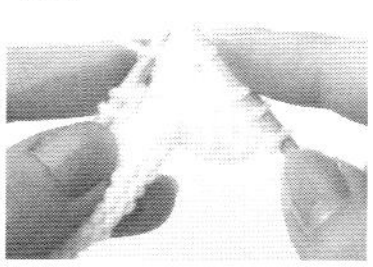
そのまま糸を引き出します。

4

左の針から1目はずします。
＊裏編みが1目編めました。

右上2目一度

1

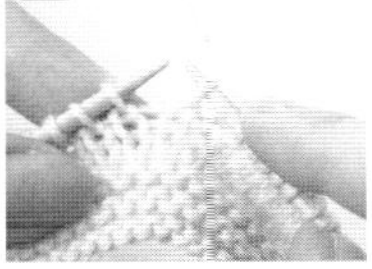

次の1目を編まずに右の針に移します。

2

次の1目を表編みで編みます。

3

左の針を右の針の左端から2目めに通します。

4

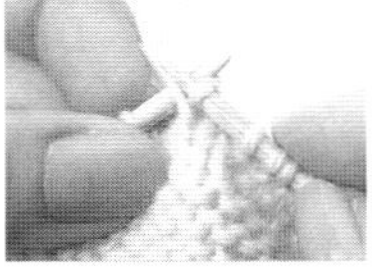

3の針を通した目から右の針にかかっている左側の目を引き抜きます。

5

左の針から1目はずします。
＊右上2目一度が1目編めました。

左上2目一度

1

次の2目を一度に、針を手前から入れます。

2

表編みを編みます。
＊左上2目一度が1目編めました。

かけ目

1

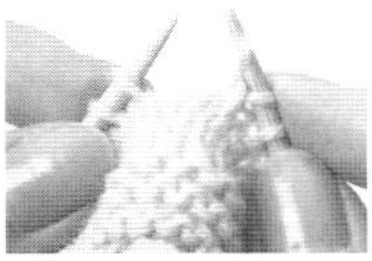

右の針に糸を手前からかけます。
＊かけ目が1目編めました。

ねじり目

1

横に渡っている糸を右の針ですくいます。

2

1を左の針に移します。

3

2に右の針を後ろから入れます。

4

裏編みを編みます。
＊ねじり目の増し目が1目編めました。

伏せ目

1

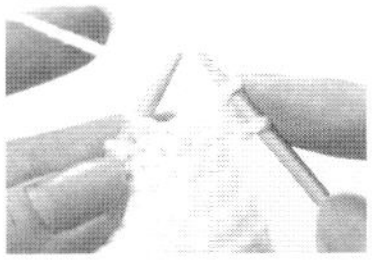

端から2目を表編みで編みます。

2

左の針を右の針の右側の目に通します。

3

2の針を通した目から右の針にかかっている左側の目を引き抜きます。

4

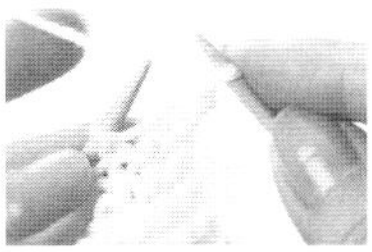

左の針から1目はずします。
＊伏せ目が1目編めました。

縄編み

1

交差する片側の目数を、編まずに縄編み針に移します。

2

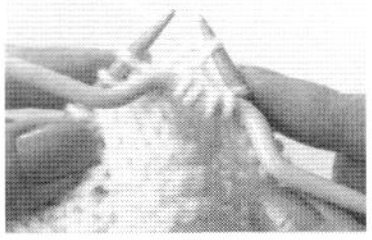

次の目を表編みで編みます。

3

交差する片側の目数を表編みで編みます。

4

縄編み針に移した目を表編みで編みます。

5

縄編みができました。

● 著者プロフィール

寺西 恵里子 てらにし えりこ

（株）サンリオに勤務し、子ども向けの商品の企画デザインを担当。退社後も "HAPPINESS FOR KIDS" をテーマに手芸、料理、工作を中心に手作りのある生活を幅広くプロデュース。その創作活動の場は、実用書、女性誌、子ども雑誌、テレビと多方面に広がり、手作りを提案する著作物は 600 冊を超える。

寺西恵里子の本

『アクレーヌで作る おいしい おままごと』（小社刊）
『ラブあみで作る編みもの＆ボンボンこもの』（辰巳出版）
『ニードルフェルトでねこあつめ』（デアゴスティーニ・ジャパン）
『もっと遊ぼう！ フェルトおままごと』（ブティック社）
『0・1・2 歳のあそびと環境』（フレーベル館）
『365 日子どもが夢中になるあそび』（祥伝社）
『３歳からのお手伝い』（河出書房新社）
『基本がいちばんよくわかる かぎ針編みのれんしゅう帳』（主婦の友社）
『気持ちを伝えるおもてなし はじめてのおにぎり＆サンドイッチ 全４巻』（汐文社）
『30 分でできる！ かわいい うで編み＆ゆび編み』（PHP 研究所）
『チラシで作るバスケット』（NHK 出版）
『かんたん手芸 5 毛糸でつくろう』（小峰書店）
『おしゃれターバンとヘアバンド 50』（主婦と生活社）
『身近なもので作る ハンドメイドレク』（朝日新聞出版）
『作りたい 使いたい エコクラフトのかごと小物』（西東社）

● 協賛メーカー

この本に掲載しました作品はハマナカ株式会社の製品を使用しています。
糸・副資材のお問い合わせは下記へお願いします。

ハマナカ株式会社

〒616-8585　京都市右京区花園薮ノ下町２番地の３
TEL/075(463)5151(代)　FAX/075(463)5159
ハマナカコーポレートサイト ● www.hamanaka.co.jp
e-mailアドレス ● info@hamanaka.co.jp
手編みと手芸の情報サイト「あむゆーず」● www.amuuse.jp

● スタッフ

撮影　奥谷仁
デザイン　ネクサスデザイン
トレース　うすいとしお　ＹＵＫＩ　澤田瞳
作品制作　森留美子　大島ちとせ　奈良縁里
作り方　池田直子　千枝亜紀子
校閲　校正舎楷の木
進行　鏑木香緒里

【読者の皆様へ】
本書の内容に関するお問い合わせは、
お手紙またはメール（info@TG-NET.co.jp）にて承ります。
恐縮ですが、電話でのお問い合わせはご遠慮ください。
『かぎ針と棒針で編む メルちゃんのお洋服＆こもの』編集部
＊本書に掲載している作品の複製・販売はご遠慮ください。

かぎ針と棒針で編む
メルちゃんのお洋服＆こもの
2019年12月15日 初版 第１刷発行
2025年 7月25日 第２版 第４刷発行

著者　寺西 恵里子
発行者　廣瀬 和二
発行所　株式会社 日東書院本社　〒113-0033　東京都文京区本郷1-33-13 春日町ビル5F
TEL : 03-5931-5930（代表）　FAX : 03-6386-3087（販売部）
URL　http://www.TG-NET.co.jp
印刷　三共グラフィック株式会社　製本　株式会社セイコーバインダリー

ISBN 978-4-528-02273-7　C2077